高校教师职业道德与修养探究

梁　明◎著

基金项目：

1. 2022 年度广东交通职业技术学院教科研项目课题成果“习近平法治思想融入高职院校法治教育的探索与实践”（GDCP-ZX-2022-005-N1）

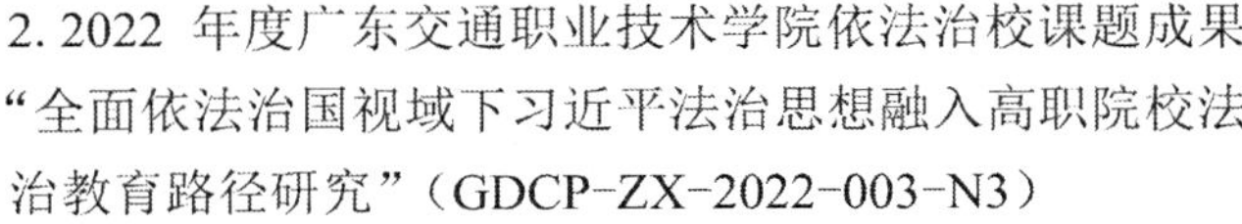

2. 2022 年度广东交通职业技术学院依法治校课题成果“全面依法治国视域下习近平法治思想融入高职院校法治教育路径研究”（GDCP-ZX-2022-003-N3）

中国商业出版社

图书在版编目（CIP）数据

高校教师职业道德与修养探究 / 梁明著 . -- 北京：中国商业出版社，2023.9
ISBN 978-7-5208-2685-3

Ⅰ . ①高… Ⅱ . ①梁… Ⅲ . ①高等学校 – 师德 – 研究 ②高等学校 – 教师 – 修养 – 研究 Ⅳ . ① G645.16

中国国家版本馆 CIP 数据核字（2023）第 206065 号

责任编辑：葛　伟

中国商业出版社出版发行
（www.zgsycb.com　100053　北京广安门内报国寺 1 号）
总编室：010-63180647　编辑室：010-83128926
发行部：010-83120835/8286
新华书店经销
北京亚吉飞数码科技有限公司印刷
*
710 毫米 ×1000 毫米　16 开　12 印张　202 千字
2023 年 9 月第 1 版　2023 年 9 月第 1 次印刷
定价：82.00 元
* * * *
（如有印装质量问题可更换）

前言

道德是提高人的精神境界、促进人的自我完善、推动人的全面发展的内在动力。道德能帮助人们更好地认识社会现实，调节人际关系，激励人不断向上，使人得到全面和自由的发展；并且它能够丰富、充实人的内心世界，使人性发扬光大、人格完善崇高，体现着人生的至善和完美，构成了人们幸福生活的主要内容，是人的精神世界里不可或缺的重要内容。一个教师能否成为“让人民满意的教师”，能否成为让学生尊敬和信赖的人，能否将自己毕生的精力献给培养人才的教育事业并从中获得自身的全面发展和精神的愉悦，都与个体道德、职业道德水平有着密切的关系。只有深刻领会和掌握教师职业道德的特点，才能学习和实践教师职业道德。

百年大计，教育为本；教育大计，教师为本；教师大计，师德为本。教师道德水平的高低关系着学生能否健康成长和全面发展，关系着教育工作的质量，因此，加强教师职业道德建设，提高教师队伍素质，是全面推进素质教育、提高育人水平的关键所在。

教师职业道德作为一个动态的概念，在新的时期已注入了新的内涵。新时期的社会主义教师职业道德更加全面、科学、合理，富有时代气息。社会主义教师职业道德不仅是人民教师开展教学活动的重要道德准则，也是推动社会主义精神文明建设的重要内容。全面认识、了解社会主义教师职业道德对培养我国现代化的合格建设者和社会主义事业的可靠接班人有着重要意义。鉴于此，特撰写了《高校教师职业道德与修养探究》一书。

本书共包括七章内容：第一章对高校教师职业道德与修养的基本内容进行了概述，主要包括教师职业道德的内涵、发展历程、特点、作用、范畴以及提升教师职业道德与修养的必要性；第二章对高校教师职业道德的原则与规范进行了研究；第三章对高校教师职业道德培养的相关内容进行了研究；第四章对高校教师个人修养的炼成进行了探讨；第五章对高校教师在社会实践中的师德进行了研究；第六章对高校教师职业道德评价进行了研究；第七章对教师职业道德建设的现实审视和未来走向进行了研究。总体来说，本书结构清晰、理论明确、内容翔实，具有全面性、系统性、实用性的特点，相信本书的出版会对提升教师职业道德建设具有一定的指导意义。

本书在撰写的过程中参阅了许多有关教师职业道德方面的著作，同时也引用了许多专家和学者的研究成果，在此表示诚挚的谢意！由于时间仓促，作者水平有限，错误和不当之处在所难免，恳请广大读者在使用中多提宝贵意见，以便修改与完善。

作　者

2023 年 2 月

目录
CONTENTS

第一章 教师职业道德与修养概述

职业道德是一个人步入正常职业生活后必须遵守的规范和要求，是社会发展过程中道德的一个重要构成部分，当然也是个人道德的重要内容。同社会其他职业一样，教师职业要求每一位教师都要遵守教师职业道德，做一个有理想、有道德，忠于人民教育事业的人。高校教师有自己需要坚持的职业道德，这是高校教师实现自身职业理想的重要保障。对此，高校教师要有清醒的认识和深刻的把握，坚持加强职业道德修养，努力提升自身的职业道德素质与水平。

第一节　教师职业道德的内涵

一、职业道德概述

（一）职业道德的内涵

职业道德是与人们日常的职业生活紧密联系在一起的，包含了社会各类主体对从事该职业的人士的道德期望。因此，职业道德即人们在从事职业活动之时应遵循的各类道德规范、应持有的道德观念、应具备的道德品质等。从事同一职业的人因具备相似的知识背景、相同的职业活动，他们在理想、兴趣、爱好和习惯上都比较相似。职业道德也正是对他们在这些方面的具体要求，规范他们的各类社会活动。职业道德作为现实社会道德体系的一个部分，同样可以划分为两个层次，即公德与私德，也可以简单化地归纳为职业道德的基础层面和具体层面。职业道德的基础层面通常是十分抽象的，包含了对职业道德在各个层面的最高要求，是供个人衡量自己行为的。职业道德的具体层面也指人们从事职业活动中的私德，即人们在日常生活中所形成的道德。这种道德与人们日常所认识到的道德存在一定差异，但是十分具体，是人们用来衡量自己生活的具体道德准则，而且这种道德准则还能不断改变。随着人们生活环境的不断变化以及从事职业活动的变化，这个层面的职业道德有可能产生根本性的变革。具体职业道德往往是围绕基础层面的职业道德变化的。人们道德准则的变化需要在共同的准则下进行，也就是基础层面的职业道德。

（二）职业道德的特征

职业道德的特征主要包括以下几个方面。

1. 多样性和灵活性

为了适应现代社会的发展，职业道德在表现形式及方法上通常会根据实际情况作出相应的变化，因此具有多样性和灵活性。同一个行业不同的单位，往往会有各自不同的规章制度、工作守则、奖惩条例、服务公约、注意事项，乃至誓词、口号等。这种具体的职业道德具有很强的针对性，往往是根据行业职业道德的基本精神，针对单位所在的特殊环境所制定的，对于单位内的从业人员具有较强的引导作用。

2. 专业性和针对性

从职业道德对应的群体来看，职业道德的调节范围仅限于从业人员。不具备从业资格的人员不受职业道德的规范。然而，对于其他人士来说也应该了解职业道德，这对整个社会的进步具有一定的积极意义。由于职业道德规范的是专业人员，所以从具体层面认识的职业道德具有鲜明的专业性，是特定行业的行为准则。每一个行业的职业道德是不可以相互替代的。

3. 稳定性和连续性

职业道德是一个特定行业以及从业人员长期以来的实践所形成的，其内容变化是要随着长期的职业实践而产生的。因此，对于特定职业来说，其职业道德在职业实践不产生剧烈变化的情况下不会产生较大的变化。

4. 行为上体现自律与他律的统一

职业道德对从业人员职业行为调节的最终指向是整个群体的利益关系。对于各行各业的从业人员来说，其自身职业道德状况与其利益有密切的关系。当从业人员不能履行某一道德规则之时，就会面临各种惩戒和舆论谴责甚至淘汰出局。例如，在《中华人民共和国消费者权益保护法》之中，明确规定了对商家销售假冒伪劣商品的惩罚性规定，一部分商家也主动承诺了假一罚十,这充分体现了他律与自律的统一。

(三)职业道德的构成要素

同其他道德体系一样,职业道德是一个十分规范的体系,包含了各个方面的内容,对人们的活动进行多方面的约束。具体来说,其内容包括以下几个方面。

1. 职业态度

职业态度是人们对从事职业活动时各种行为表现的抽象认识,本质是劳动态度。职业态度是对个人的具体职业活动要求,具体来讲职业态度主要有两点:端正的劳动态度和踏实认真的态度。端正的劳动态度要求,无论什么样的工作都要积极努力,作出个样子来。踏实认真的态度要求,要认真实践本职业特殊的行为规范,长期坚持,绝不松懈。

2. 职业理想

职业理想是指人们对未来职业发展的规划和希望。职业理想是一定社会理想在个人职业选择和实践中的具体体现。职业理想具有明显的个性化特征,是与个人紧密联系的。一方面,职业理想受到社会公众的监督和制约;另一方面,职业理想则受到个人主观能动性的直接作用。

3. 职业责任

职业责任通常是指从业者对整个行业和社会所应承担的特定义务。一般情况下,职业责任是以法律的或行政的形式确定的,具有强制性和规范性。在社会实践中,职业责任同社会的安定与和谐存在密切关系,因此与对个人职业活动的评价也有密切的关系。例如,注册会计师若不能按照行业准则审计企业账目,自身不仅要受到相关的法律惩处,所在的企业也会受到一定的惩罚。人们对职业责任的基本认识是指从事职业活动的人所应有的职业义务,是以其职业活动为前提的。

4. 职业纪律

职业纪律是人们为了有效地调节现实社会中各种职业活动中的现实关系，通过制定规章、条例、制度等手段来维持职业活动的正常秩序的行为准则。职业纪律的表现形式具有职业道德的一般特点，其功能介于法律和道德之间。在现代社会中，人们的职业道德水平存在一定的差别。职业纪律则是要求不同职业道德水平的人们维持必要的职业准则的需要。如果过分强调职业自由，整个社会生活将变得不可思议。因此，纪律对一个从业者来说，对一个社会来说，都是非常必要的。

5. 职业技能

职业技能是人们从事职业活动所应具备的基本业务能力。鉴于职业活动关系到社会其他职业的重要利益，职业技能也是职业道德的一个重要构成部分。在特定的岗位上，人们应具备这一岗位所要求的技能。例如，司机应先学会驾驶这一技能才能上岗，否则就是不道德的。在具备一定基本职业技能以后，从业者应积极提高自己，保持自己所掌握的技能能够适应时代发展的需要。

6. 职业作风

职业作风是从业者在具备一定的职业技能、职业纪律观念之后从事职业活动所表现出来的习以为常的特殊行为。例如，军人的职业作风素来就有“招之即来”的特点，会计师的职业作风则素来讲求严谨。各种职业在实践活动中或多或少地都能表现出一些自己的职业作风，给人以各种特殊的职业印象。职业作风往往能够在社会上产生特定的社会影响。好的职业作风能够让人们对这一职业产生好感；相反，恶劣的态度、推诿的习惯则会引起人们的强烈反感，毁坏职业形象。

7. 职业信誉

职业信誉是人们对职业行为的社会价值作出的肯定评价以及从业者对这种肯定评价的自我意识，是职业义务和职业良心的价值尺度。职业信誉是职业道德的精髓。在职业活动中讲信用、守承诺，不弄虚作假、不坑蒙欺诈，对服务对象一视同仁，重质量和信誉、重销售和售后服务，努力提高服务质量，是生存和发展的立足之本。

二、教师职业道德的概念

教师职业道德又称“教师道德”或“师德”，是指教师在从事教育教学活动中所应遵循的行为准则和必备的道德品质，是调整各种教师职业关系的行为准则的总称。它是社会职业道德的有机组成部分，是教师行业特殊的道德要求。

三、教师职业道德形成的基础

（一）教育工作中的各种利益关系是教师职业道德形成的直接基础

道德活动源自实践活动，而实践活动中又牵涉各种利益关系。从职业的角度看，教师职业道德牵涉各种各样的利益，如教师的个人利益、学生的个人利益、教师的集体利益以及社会教育事业的利益等。教师职业道德所牵涉不同利益主体之间必然包含着相互依存和相互冲突的方面。这些利益关系的性质和状况如何，直接关系到教育过程能否顺利进行、教育目的能否实现。因此，对这些利益关系进行理顺、协调不仅必需，而且重要。但是如何及时有效地协调好各种利益关系和矛盾，仅靠现有的一些调节机制，诸如教育行政制度、师生行为守则、各种奖励措施等，是不够的。因为教师的劳动从一定意义上来讲，都是一种在道德责任感和社会使命感支配下的自觉奉献，这是一种难以单纯从时间、数量、实物和具体指标上作出有形考核的劳动。只有将教师的劳动通过教师职业道德并进一步内化为教师的职业良心、道德信念等，才是一种更为根本的调节机制，才能真正建立起与各方面利益协调一致的良好关系，以便完成教育任务，实现教育目的。

（二）历史上优秀的教师职业道德遗产是教师职业道德形成的历史基础

一定社会中教师职业道德的形成与确立既与当时的社会实践相关，又与历史上有价值的思想相互结合。在世界教育史上，有很多伟大教育家留下了关于教师职业道德的深入思考和研究，如我国的孔子、韩愈、黄宗羲，古罗马的昆体良，捷克的夸美纽斯，德国的赫尔巴特等，他们提出的师德思想，虽然与当时的社会实践存在密切关系，但是也有很多内容经得起时间和历史的检验，为后来从事教师职业的人们提供借鉴。事实也证明，这些伟大教育家的优秀思想无论是在哪一个时代都给那个时期的人们带来了重要的启发。在这一点上，人们对他们无比敬仰。

（三）一定生产关系和阶级关系的制约是教师职业道德形成的根本基础

教师职业道德作为道德的一个部分，是一种社会意识现象，必然受到一定社会生产关系的制约。社会生产关系决定、制约着教育制度、教育内容和教育目的，而教育制度、教育内容和教育目的又决定着整个教育活动及教师的地位和职业行为。正因为教师职业道德受制于一定的生产关系，是一定社会生产关系的反映，所以不同社会发展阶段的教师职业道德具有不同的规范和要求。在阶级社会里，教育本身就是统治阶级巩固本阶级利益的一个重要手段，所以历来统治阶级都有为教师提出合乎本阶级或社会利益的师德要求；而处在一定阶级关系中的教师和教师职业活动也总是自觉或不自觉地带有阶级色彩，反映出所属的一定阶级的利益要求。可以说，教师职业道德是一定社会统治阶级的道德原则和道德要求在教育领域中的具体体现。

四、教师职业道德理论

（一）我国古代的师德理论

1.身教重于言传

身教重于言传，也就是说教师在教育自己的学生时，既要用良好的言语来进行教育，更要能率先以身示范，重视身教对学生的榜样作用。这就意味着，教师在教育学生的时候，要以自身为榜样，时刻注重自己的言行，要说到做到，以身作则。

身教重于言传，是古人对教师职业最基本的，也是最普遍的要求。身教具有直观性强和感召力大的特点。只有“言教”没有“身教”是不可能教育好学生的。春秋时期的大教育家孔子是最早践行身教的人，他认为，教师的榜样作用可以对学生产生巨大的影响，所谓“其身正，不令而行；其身不正，虽令不从”；“不能正其身，如正人何？”（《论语·子路》）。孔子教育活动成功的因素之一就是将有言之教和无言之教结合了起来。战国时期的亚圣孟子对孔子重视身教的思想进行了继承和发展，他提出了“有大人者，正己而物正者也”（《孟子·尽心上》），认为“枉己者，未有能直人者也”（《孟子·滕文公下》）。《管子》也认为“教之始也，身必备之，辟之若秋云之始见，贤者不肖者化焉”；“以善胜人者，未有能服人者也；以善养人者，未有不服人者也”（《管子·侈靡》）。战国思想家、教育家荀子同样认为，教师要“身为正仪”，对弟子起到典范的作用。汉代思想家、政治家董仲舒将师者要先正己方能正人的思想进一步发挥，提出“善为师者，既美其道，有慎其行。齐时早晚，任多少，适疾徐，造而勿趋，稽而勿苦，省其所为，而成其所湛，故力不劳而身大成，此之谓圣化”（《春秋繁露·玉杯》）。西汉末期的思想家、文学家扬雄也认为教师要以身作则，他提出“人必先作，然后人名之；先求，然后人与之”（《法言·君子》）。汉代经学大师和教育家郑玄认为教师的品行对学生有重要的影响，教师应该做到“小未有所知，常示以正物，以正教之，无诳欺”（《礼记正义》）。唐代文学家、思想家韩愈认为身教具有重要的价值，教师要以身作则，才会“其身亡而其教存”。

2. 学而不厌，诲人不倦

孔子曾说：“学而不厌，诲人不倦。”这就是说作为教师应该不断学习，永不满足，对待教学要不知厌倦。孔子强调教师应该不断学习，“温故而知新，可以为师矣”（《论语·为政》），认为通过复习旧知识能获得新知识、新体会的人才能做别人的老师。孔子为后世之人树立了一个好学、乐学的典范。孟子对为师者的知识方面也提出要求，认为教师应“以其昭昭，使人昭昭”（《孟子·尽心下》），也就是说要想使别人明白，自己就要先明白。昭昭之得的前提是要好学、乐学。荀子认为教师应该拥有绝对权威，其中一个重要的依据就是教师知识水平的高低。荀子认为教师拥有深厚的知识，才能够将儒家经典进行较好的阐释，才能在教育弟子的过程中充分发挥教师的主导作用，从而达到“人有师有法而知，则速通”(《荀子·儒效》)的教学目的和教学效果。汉代大学者王充认为只有达到通人以上的人,也就是拥有渊博知识的人,才有资格做别人的老师,培养出好的学生。他认为“温故知新,可以为师。古今不知,称师如何?”(《论衡·谢短》)这就说,王充认为教师要想博学多知,就要有温故知新的能力,教师只有精通学业,才能教好学生,取得良好的教学效果。扬雄也很推崇这种思想,他提出教师应该乐教,教师只有积极施教,尽自己最大的努力来教人,才能得到学生的尊敬和社会的认可。宋代思想家、教育家朱熹也可以称为这方面的榜样,他的学生黄勉斋曾回忆说:“从游之士,迭诵所习,以质其疑,意有未谕,则委曲告之,而未尝倦。问有未切,则反复戒之,而未尝隐。务学笃则喜见于言,讲道难则忧形于色。讲论经典,商略古今,率至夜半。”(《朱文公行状》)

3. 因材施教,循循善诱

因材施教、循循善诱体现了教学规律。孔子在教育弟子的时候就注意了解学生的不同特点,且以此为据对弟子进行教育内容和教学进度的安排。春秋末期战国初期的思想家、教育家墨子也认为要因材施教,他在《墨子·耕柱》中说:“能谈辩者谈辩,能说书者说书,能从事者从事。”之后,墨子又进一步发挥了这一思想,指出:“知者必量其力所能至而从事焉。”(《墨子·公孟》)董仲舒对此也有自己的见解,认为:“故知其气矣,然后能食其志也;知其声矣,而后能扶其精也;知其行矣,而后能遂其形也;知其物矣,然后能别其情也。”(《春秋繁露·正贯》)

4. 有教无类

有教无类是孔子提出的关于教育对象方面的理论。其意思是说人们都应当受到教育,不因其贫富、贵贱、智愚、善恶等原因而不能受到教育。孔子说到做到,对他的学生进行成分研究,发现他的学生成分复杂多样,其中商人和贵族的子弟只占少数,大部分出身比较贫贱,有名的如颜回、曾参、子路等。唐代文学家、思想家柳宗元继承了孔子有教无类的思想,也认为教师应该无偏见地收纳各种学生。有教无类的教育思想充分体现出了古代为师者宽厚博爱的胸怀,这种教育态度深刻地影响了后人。在教育面向大众化的今天,在实施面向全体学生的素质教育的今天,有教无类的思想仍有很大的价值。

5. 教学相长

教学相长的意思是教和学两者是相互依存、相互促进的关系。这一思想在我国最早的教育文献《学记》中有充分的论述。《学记》指出,“记问之学,不足以为人师”“学然后知不足,教然后知困。知不足,然后能自反也;知困,然后能自强也”。在《学记》中,明确说明教师要“教学相长”。郑玄认为教师应做到不断反省,通过自己的教学活动达到“见己道之所未达”的目的。在教学活动中,教师既是教育者,同时也是受教育者。作为教育者,教师要帮助学生发展自身能力;作为受教育者,教师要通过教学活动,发现自身能力不足之处,从而不断努力,提高自身能力,求得自身进步。韩愈在《师说》中提出“弟子不必不如师,师不必贤于弟子”的观点,这就说明,教师要勇于面对自己的短处和无知,善于从弟子那里吸收营养,提高自己。柳宗元提出“交以为师”的观点,认为师生之间没有绝对的界限,他对严厚舆秀才说“终日与吾子言,不敢倦,不敢爱,不敢肆,苟去其名,全其实,以其余易其不足,亦可交以为师矣”。(《柳宗元集》)“交以为师”的观点改变了以往的师生关系,将师生关系转变为师友关系,内含了民主教学的思想。

6. 热爱学生

教师要想与学生和谐相处,处理好与学生之间的关系,需要教师从多方面入手进行努力,而最基本的,也是最重要的,就是教师对学生的热爱。善教者要做到“视徒如己,反己以教,则得教之情矣。所加于人,必可行于己,若此则师徒同体”(《吕氏春秋·诬徒》)。孔子被尊为万世之师,其主要原因就是他热爱、关心学生,了解学生,颜回死了,他非常悲痛,连说:“天丧予。”(《论语·先进》)由此可以看出他对学生的关爱。正因为孔子对学生的热爱,所以他才能常温故知新,能用简单明了的语言表述出学生的特点,并据此进行施教,从而培养出各个方面的杰出学生。热爱学生,主要表现在以下三个方面。

第一,要了解学生,知道学生的学习程度。这是教学成功的基本保证。《学记》中指出“君子知至学之难易,而知其美恶,然后能博喻;能博喻,然后能为师”。

第二,要平等对待学生,不以贫富贵贱等原因而区别对待。《吕氏春秋·劝学》指出“师之教也,不争轻重尊卑贫富而争于道”。

第三，要对学生充满期望。孔子对学生提出“当仁不让于师”（《论语·卫灵公》）的要求。荀子在《劝学》中指出“青，取之于蓝，而青于蓝；冰，水为之，而寒于水”。他认为学生最终会强过老师。

热爱学生这种思想对后世有深远的影响，对于当今我们的师德建设有一定的参考意义。

（二）我国当代的师德观点

1. 志存高远

在社会主义教育事业中，志存高远是高校教师师德修养的基础。要想做到志存高远，教师就要有坚定的社会主义信念和远大的共产主义理想，要热爱祖国、热爱人民、拥护社会主义制度。列宁指出：“在任何学校，最重要的是课程的思想政治方向，这个方向由什么来决定呢？完全只能由教学人员来决定……任何‘监督’、任何‘领导’、任何‘教学大纲’、任何‘章程’等，绝对不能改变由教学人员所决定的课程的方向。”[①]我们的教育方针，应该使受教育者在德育、智育、体育几方面都得到发展，成为有社会主义觉悟的有文化的劳动者。

2. 敬业爱生

教师只有敬业爱生，才能不惧辛苦，拥有强烈的光荣感和使命感。教师要成为学生的朋友，与学生的家庭联系，互相配合，共同做好教育学生的工作。同时，提倡学生尊敬师长，同时也提倡师长爱护学生。教师要忠诚于人民教育事业，以培育人才、繁荣学术、发展先进文化和推进社会进步为己任，积极引导和帮助青少年学生树立正确的世界观、人生观、价值观，教育他们立志成为国家栋梁之材。

3. 严谨笃学

科技文化事业的发展和创造需要教师的引领，因此，师德建设的内在要求之一就是要严谨笃学。如果认为教人者不需要再受教育了，不需要再学习了，那就错了。教师在教育过程中要不断地加强学习、完善自

① 上海师范大学教育系．列宁论教育[M]．北京：人民教育出版社，1979：52.

我，要勤勤恳恳地为社会主义教育事业服务。这些都强调了师德建设中的敬业和严谨笃学的要求。

4. 开拓创新

素质教育开启了我国教育领域方面的变革，是以提高全民族的综合素质为目的，重视人的思想、能力等，在素质教育中需要教师在一线进行全面推进。这就需要教师不断开拓创新，坚持不懈。要提高教师的水平，包括政治思想水平、业务工作能力以及改进作风等。这就是说，教师在敬业爱生、志存高远的基础上，要不断加强学习，提高自己的业务水平和道德水平，全面推进素质教育这一伟大的工程。教师在教育创新中承担着重要的使命。教师富有创新精神，才能培养出创新人才。

（三）西方国家的师德理论

1. 为人师表

为人师表是社会对成为师者的人的基本要求。日本明治时期的教育家福泽谕吉指出："德育贵在身教而不在于言教。要培养学生的道德观念，只靠教师的讲授不足以奏效，父兄的训诫也难以成功。最重要的是教育者本身是一位有德行的人。只有教育者躬身实践，为孩子作出榜样，才能使受教育者在潜移默化中形成一种良好的道德习惯。"① 苏联教育家苏霍姆林斯基也有相关论述，他在《和青年校长的谈话》中写道："教师成为学生道德上的指路人，并不在于他时时刻刻都在讲道理，而在于他对人的态度（对学生、对未来公民的态度）能为人表率，在于他有高度的道德水平。谁能唤起学生的人的尊严感，能启发他们去思考活在世界上是为着什么，谁就能在他们的心灵中留下最深刻的痕迹。"②

---

① 福泽谕吉．福泽谕吉教育论著选[C]．王桂，主译．北京：人民教育出版社，2005：94.

② B.A.苏霍姆林斯基．和青年校长的谈话[M]．赵玮，等译．北京：教育科学出版社，2009：171.

2. 因材施教

西方先贤对因材施教也有相关理论，他们认为对学生有针对性地进行教学和不断提高教师自身能力是取得良好教育效果的前提，只有全面了解学生的特点，才能有针对性地开展教育活动。第斯多惠认为，教师要学会灵活地处理知识，在课堂上要不断发挥灵感，创造性地对学生施行教育。教师要对教材熟练掌握，然后因材施教。卢梭在《爱弥儿》中也说："你必须好好地了解了你的学生之后，才能对他说第一句话。"[①]在教给学生之前，教师要对知识有所掌握，所谓"要想给学生一碗水，教师要有一桶水"。因此，教师在培养学生之前，自己首先要成为一个道德卓越的人，应当有知识，有智慧，能成为学生的榜样。这就需要教师不断培养自己的能力，提高自己的业务水平。

3. 热爱教育，关心学生

热爱教育、关爱学生是教师应具有的重要美德之一，是师生关系和谐发展的基础。西方国家的先贤对此也有诸多论述。苏霍姆林斯基在《给教师的一百条建议》中认为："如果教师没有爱好自己学科的学生，或者没有通过自己对科学的热爱使学生受到感染，劳动中的自我教育也是不可能的。"[②]昆体良也认为教师和学生要建立深厚的情谊，教师的工作不是为了完成任务，而是他对学生的热爱之情。教师应当像慈父，而学生也要视师为父。这和中国古代的"一日为师，终身为父"的思想有相通之处。这种思想感情有助于学生学业的完成。"因为在这种感情影响之下，学生不仅将愉快地听讲，而且会相信教师的教导，愿意仿效教师……他们的错误被纠正时不会生气，他们受到称赞时会感到鼓舞，他们会专心学习尽力争取教师的珍爱。"[③]

① 卢梭．爱弥儿：上卷[M]．李平沤，译．北京：人民教育出版社，2001：97.

② B.A. 苏霍姆林斯基．给教师的一百条建议[C]．杜殿坤，编译．北京：教育科学出版社，2000：222.

③ 任钟印．昆体良教育论著选[C]．任钟印，选译．北京：人民教育出版社，2005：28.

五、高校教师职业道德的本质

（一）高校教师职业道德是由社会经济关系决定的一种特殊社会意识现象

高校教师职业道德作为高等教育活动中一种特殊的道德规范体系，是社会道德的重要组成部分，同其他道德一样，是受一定社会经济关系制约的。但是，这种制约作用不是直接表现出来，而是通过其决定的政治上层建筑向上层社会提出对特定教育人才的需求，并规定高等教育的目的、性质、任务和内容。高等教育在其要求下决定高校教师职业道德的性质与内容，将之向广大教师传授。以上所论述的内容主要表现在以下三个方面。

第一，社会经济关系是高校教师职业道德产生的客观物质基础。社会经济关系决定、制约着教育制度、教育目的和教育内容，而教育制度、目的和内容又决定着高等教育活动的目的、性质和任务，决定着高校教师的地位，从而也决定了高校教师在整个教育劳动中应该具有怎样的教育理念，采取怎样的劳动态度，在处理各种利益关系上遵守怎样的行为准则。社会经济关系对高等教育目的和人才模式的需求，必然要求高校教师具备相应的职业道德素质。今天，社会主义公有制经济基础要求高校教师职业道德在遵循各社会形态中教师职业道德的共性外，还必须比以往历史上任何旧的教师职业道德更能体现社会主义公有制的特征和要求。

第二，社会经济关系通过上层建筑间接作用于高校教师职业道德。高等教育活动是上层建筑的一个重要组成部分。这一部分在由社会经济关系决定的同时，还受到其他上层建筑的影响。通过其他上层建筑的渠道影响高校教师职业道德活动的情况主要表现在以下方面：社会经济制度的变化改变了社会发展的政治观念，并通过特定的政治观念要求高校教师转变政治观念，坚定正确的政治方向；社会经济制度的变化会确立一套新的法律规范体系，在遵纪守法的公民社会活动原则的要求下，高校教师则会产生一种新的道德观念；新的社会经济制度会衍生出一套新的哲学观念，通过教育制度产生的教师必然受到新的哲学观念的影响，产生新的道德认知；在新的社会经济制度的影响下，新的艺术观念会诞生,新艺术观念的诞生会形成新的审美观和看待真善美的意识观念,从而产生新的道德观念。在这些上层建筑的综合作用下,教师会逐渐形成适应新社会制度发展的综合道德素质,并逐渐发展成为教师的职业道德,形成高校教师职业道德的新规范体系。

第三,社会经济关系的发展变化必然引起高校教师职业道德的发展变化。高校教师职业道德是一个动态变化的道德规范体系,会随着经济关系的发展变化而变化,因为经济关系的发展变化必然会引起整个社会的发展变化,进而会引起人才培养目标的变化。人才培养目标的变化势必要求高校教师依据社会对人才目标的需求,不断更新自己的教育理念,调整自己的教育思想,选择自己的职业行为。现在我国正在进行中国特色社会主义现代化建设,这就要求高校教师必须与时俱进,改革创新,树立科学健康文明的道德生活方式,树立与中国特色社会主义相适应的现代职业道德观和价值观。

(二)高校教师职业道德是高等教育活动客观规律的反映

1. 高等教育活动具有群体性

高等教育活动是针对在校大学生群体开展的。作为一个群体,大学生不仅存在于校园之中,而且生活在社会里,与社会多个群体产生密切关系。在社会交往之中,大学生从各个社会群体之中所汲取的各类道德观念逐渐融入校园生活。从这一点看,高等教育的对象是在校大学生群体,而间接对象则是整个社会群体。这就要求高校教师必须坚持一定的社会价值导向,在坚持社会主义道德建设基本原则的同时承担起向整个社会传播意识形态的重要社会职责。

2. 高校教育活动具有非常明确的目的

高等教育活动是依据社会发展的需要而培养出具有优良思想道德品质和较高科学文化知识的高级专门人才。这是一种成才式的教育活动,比中等教育和初等教育的培养目标更加明确。高校教师要通过自己的教育活动向大学生传播社会发展所需要的各种类型的科学文化知识,培养他们优良的道德品格和文化素养,使他们逐渐适应社会发展的需要。这些要求对于所培养的大学生以及社会发展来说是非常必要的,大学生能够在接受培养以后逐渐适应社会，社会则能够在接受大学生以后实现更好的发展。随着社会的发展，高校教育的目标也越来越高，这对高校教师的职业活动提出了更高的要求。

3. 高等教育活动需要各方的配合

作为一种教育活动，高校教师必须能够得到大学生的配合。只有这样，高校教师的活动才能够取得一定的积极效果。高校教师要有强烈的职业责任感与使命感，在关心学生的同时，积极观照整个社会群体，获得整个社会的支持。因此，高校教师要积极与学生交流，在获得学生支持的同时引起社会的积极反响，以便广大教师更为积极和顺利地开展教学活动，同时也方便教师取得好的教学效果。

高等教育活动规律是高校教师职业道德产生的一个现实基础，是高等教育内在规律的客观要求，它明确了高等教育培养的人才目标，体现了高等教育活动的广泛群体性以及高等教育活动对象的反馈性，反映了高校教师职业道德应有的社会性、民族性、重要性和责任性，是参与高等教育活动的高校教师必须遵循的道德规律。

（三）高校教师职业道德是教育教学活动中利益关系的反映

利益是道德的基础。任何道德都是特定利益或利益关系的反映。高校教师职业道德作为调整教育教学活动过程中人们相互关系的行为规范，主要反映了教育教学利益关系。教育教学利益按照主体构成上的不同，可以分为学生的个人利益、教师的职业利益、社会的发展利益三个层次。

1. 大学生的个人利益是教育教学利益的重要构成部分，也是教育教学活动发展的基础

在教育教学活动中，大学生的利益主要表现为：大学生要求得到教育的平等权利，大学生在教育活动中得到知识、提升能力和发展个性的权利，大学生在教育活动中得到教师全面的关心与尊重的权利，大学生在教学活动中获得公平发展机会的权利。高校教师要尊重大学生在这几方面的权利。这是大学生参与教育教学活动中的正当要求。在认识

这一问题时，高校教师要将其提升到一定的高度，及时维护大学生的切身利益。

2. 高校教师的职业利益不容忽视

高校教师的利益主要分为个人利益和群体利益。高校教师的个人利益主要是通过一定的教育活动保证自己的劳动成果能够得到相关群体的尊重，并逐渐将其发展成为自我人格完善的重要动力与内容。这些主要体现在高校教师要能够同其他教师一样获得应有的报酬；高校教师的成果在社会上公布以后，要能够得到其他群体的尊重；高校教师在高校工作的其他方面权利能够切实得到保障。高校教师的群体权利是高校教师个人权利的一重保障。为此，高校教师要足够重视自己在这方面所应作出的贡献。在高校工会中，高校教师要积极为自己的群体利益发声，积极主张群体所应得的基本保障。

3. 社会利益是高校教育教学发展的最终目的

社会利益涉及整个社会经济制度对高校教育事业的要求。对于高校教师来说，这一问题主要体现在两个方面。

第一，高校教师要能够为社会经济制度的循环作出贡献，输出的人才要能够维持现有经济制度和生产关系。

第二，高校教师应作为一个独立的社会群体，向整个社会贡献一定的力量。

在以公有制为基础的社会主义社会里，个人、集体与社会在根本利益上是一致的，反映在高等教育教学活动中，大学生的利益、教师的利益和社会的教育利益是基本一致的，并没有根本性的矛盾和冲突。但是，由于我国经济还不够发达，通过群体满足个人利益以及个人与群体协调满足社会利益是一个渐进的过程。在许多情况下，这三者的利益有不一致之处，有时甚至会发生这样或那样的利益矛盾和冲突。在处理各种矛盾的过程中，需要有一种来自社会的舆论监督和来自高校教师内心的自我监督，来规定高校教师的教育观念及活动原则，鼓励或劝阻某种行为。总之，在教学利益的分化和矛盾的基础上，有必要从主体角度对教育过程中的各种教学利益关系进行调节，这样就产生了高校教师职业道德。

第二节　教师职业道德的发展历程

教师职业作为人类古老而永恒的职业之一，是伴随着人类社会的产生而产生的。随着教育理论与实践的不断丰富和发展以及教育普及化程度的提高，人们对教师的需求不断提高，教师的职业特征、职业素质及社会功能不断发生变化和发展，教师逐渐成为一种专业化要求很强的职业。

一、古代社会的教师职业道德

我国文化教育源远流长。据记载，在公元前16世纪就产生了一种古老的文字，这种文字主要被刻在龟甲、兽骨上，称为“甲骨文”。对甲骨文的研究为我们了解古代的政治思想、文化教育及道德提供了丰富的史料。根据甲骨文的记载，从夏朝开始，文字就已经产生。到西周时期出现了一些正规意义上的学校，称为“国学”“乡学”“私学”。春秋战国是我国社会文化大繁荣的一个重要时期。在这个时期社会上出现了一大批“游说之士”，甚至在战国中期形成了一个专门性的组织——稷下学宫。这些“游说之士”凭借自己在文化和国策上的深远见识，在所到的各个国家享受着较高的待遇。他们的文化主张代表了各阶级的利益，在社会上享受着较高的地位，受到社会群体的普遍尊重。这些人中非常著名的有孔子、墨子、苏秦、张仪、孟子、荀子、管仲等，而孔子是最杰出的代表。作为一名教育家，孔子招收学生办起私学，向学生传授自己的理论，逐渐形成了一些与师德相关的重要理论。孔子的观念对后世师德的培育具有重要的影响。继孔子之后，墨子、孟子、荀子等人从不同的方面进一步完善了教师职业道德的规范体系和理论。特别是荀子，他非常重视道德教育，认为人的道德观念和知识才能都是后天形成的，圣贤不是天生的，是接受教化的结果。他提出“君师者，治之本也”，第一次把“师”

与国家治乱联系在一起。他特别重视教师的地位和作用，把天、地、君、亲、师并列。他把教师视为治理国家、推动社会进步的根本，并把尊师作为衡量国家兴衰的标志。他强调建立教师的威信，认为“言而不称师，谓之畔；教而不称师，谓之倍”，主张对教师绝对服从，做到“师云而云”，不容许有人怀疑、非议、背叛教师。他认为不论是长者、教师还是后生、学生，都要有“青出于蓝胜于蓝”的信念，用以劝说前辈支持、激励其后代超越自己。荀子还对教师提出了严格的要求，认为教师必须具备四个方面的条件，即除了要有渊博的知识以外，还要有尊严和威信；要有丰富的经验和崇高的信仰；要具备有条不紊地传授知识的能力和严密的逻辑思维能力；要精通教材，深刻理解其中的含义，并善于阐发引申，而不是照本宣科。

我国教师职业道德的规范体系在奴隶社会基本形成。在封建社会，至汉武帝采纳了董仲舒“罢黜百家，独尊儒术”的道德教育思想后，中国封建社会的教师职业道德规范体系基本上一直是儒家体系的继承和发展。先秦开启了中国文化教育的发展之路，这一时期很多名家关于道德的论述为我国道德的后期研究提供了重要参考，现今时代的很多关于文化教育、道德理论的阐述包括师德的阐述都来源于先秦时期。到了唐朝，古代文化教育的发展已经相当成熟，学校发展到这个阶段已经相当完备，并且由于唐朝封建统治者大力提倡文化教育，重教重学、尊师重道，这个时期的师德获得了很好的发展。此外，南宋的朱熹、明朝的王守仁、清朝的颜元等人，对师德修养都提出了很有见地、很值得吸取的观点和主张。

二、近代社会的教师职业道德

鸦片战争以后，中国彻底沦为半殖民地半封建社会，西方列强对中国的侵略以及清政府的腐败无能，致使广大民众生活于水深火热之中。广大民众为了摆脱种种困境，展开了轰轰烈烈的反封建、反侵略的斗争，从而在一定程度上影响了中国的政治思想和文化教育。在这个过程中，一些开明之士要求改革弊政，抵抗侵略，主张学术应为政治服务，他们针对时下士大夫阶层的道德堕落，提倡新的理论思想，一定程度上推动了职业道德的发展。清末改良派领袖康有为非常重视教育的作用，把教育事业当作进行政治改良、救亡图存、振兴中国的重要手段。他认为，中国之弱，正弱于教育不发达，民智不开，因而大力倡导“变科举，兴学校”。而教育的兴衰又同教师的作用密不可分。《大同书》是康有为的代表作之一，集中体现了他的教育理想。在《大同书》里，康有为对未来理想世界的教育制度作了描绘，对各级学校教师的道德品质提出了具体的要求。我国著名教育家蔡元培也非常重视教师职业道德修养，认为教师是人之楷模。1917 年年初，他就任北京大学校长，号召师生提倡道德，整顿风纪，并对教师提出了具体的要求：不嫖、不赌、不娶妾，束身自爱，自觉培养谦虚、正直、爱国、爱生等品质，教育自由、平等、博爱的思想。他开启了中国大学教师有组织地进行教师道德修养的先河，对教师职业道德水平的提高起了重要的作用。

三、现代社会的教师职业道德

1919 年五四运动的爆发，拉开了中国现代史的序幕。随着中国共产党领导的新民主主义革命运动的蓬勃发展，新民主主义的教育也发展到了新的阶段。在发展人民教育事业的过程中，在同各种资产阶级思想和其他腐朽没落思想的斗争以及反对反动文化“围剿”的斗争中，涌现出许多具有真知灼见的无产阶级文化战士、教育理论家和教育家。他们有关教师职业道德的理论和实践，为社会主义教师职业道德的形成和发展作出了突出贡献，在中国现代教育史上书写了光辉的一页。陶行知先生是近代著名的人民教育家，被人们誉为“人之模范”，为发展农村教育事业奉献终身。他说：“乡村人民儿童所敬爱的教师应该具备健康的体魄、农民的身手、科学的头脑、艺术的兴味、改造的精神。”这是陶行知先生的师德标准。鲁迅先生也是我国深受人民群众爱戴的著名教育家，他在师德方面提出了很多自己的论断，要求教师既教书又育人，并且要身体力行，发挥表率作用，以自己的思想、知识、感情和信念去影响青少年。

四、社会主义社会的教师职业道德

新中国成立以后，随着我国进入社会主义社会，我国教育事业也发生了重要转变。在继承和批判前人关于师德优秀遗产的基础上，社会主义制度下的广大教师经过理论探索和实践总结，形成了一套社会主义教师职业道德。主要内容包括：热爱党的教育事业，忠于职守；坚定不移地贯彻执行党的教育方针和政策;具有高度的工作责任感和献身精神等。

改革开放以来,社会主义各项事业在党的领导下实现长足进步和蓬勃发展。随着教育实践的不断深入,教师职业道德也在不断地发展和完善。为了更好地继承和发扬我国优秀师德传统,提高教师职业道德水平,1984 年,我国教育部和全国教育工会联合颁发了《中小学教师职业道德要求(试行)》。1991 年,国家教委和全国教育工会在总结试行情况的基础上对《中小学教师职业道德要求(试行)》进行了修订,颁布了《中小学教师职业道德规范》。《中小学教师职业道德规范》又经历 1997 年、2008 年的修改和充实。每一次修订不仅反映社会形势的发展和教育改革的深入给教师队伍建设提出的新要求,也体现出党和政府以及教育工作者对师德建设的重视。2018 年,教育部印发《新时代高校教师职业行为十项准则》《新时代中小学教师职业行为十项准则》;2020 年,教育部发布《新时代高等学校思想政治理论课教师队伍建设规定》。在新时代的新形势下,教师道德增添了崭新的内容,获得了更大更新的发展,成为社会主义道德体系的一个重要组成部分。

总体来说,教师道德是时代的产物。每一时期的师德既体现了时代的特点,又必将随着时代的发展而不断发展。在教师劳动实践中,优秀的师德被不断积淀和传承,同时又不断充实着社会主义核心价值体系,从而不断推动社会主义精神文明的发展。

第三节　教师职业道德的范畴

教师职业道德范畴是指那些概括和反映教师道德的主要特征,体现一定社会对教师道德的根本要求,并成为教师的普遍内心信念,对教师的行为发生影响的基本道德概念,主要包括教师义务、教师公正、教师良心、教师仁慈、教师威信及教师幸福等。

一、教师义务

教师义务是指教师在自己的生活和职业领域中应当承担的职责。教师义务具有重要作用，概括来说主要包括以下几个方面。

（一）有助于调节人际关系

由于教育劳动的特殊性和复杂性，在教师的日常工作中存在着复杂而特殊的人际关系，不可避免地会出现各种矛盾和冲突。这些矛盾和冲突如果不尽快解决，不仅会影响教育工作任务的完成，还会使教师本人处于一种紧张的人际关系和内心压力之中。解决这些问题的根本方法只能是教师深刻认识自己的教育使命，严格承担起教师道德义务，只有这样才能建立起和谐的人际关系。所以说，教师义务有助于调节人际关系。

（二）有利于增强教师的教育信念

在我国，教师的基本职责就是要全面执行党的教育方针，为我国社会主义现代化建设和构建和谐社会培养大批合格人才。教师要完成这一使命，就必须在教育劳动中充分认识自己的职责，确立坚定的教育信念，以极端负责的态度自觉地调整自己的行为，忠实地履行教师的各种义务，完成教书育人的任务。对教师来说，只有具有正确的义务观和义务意识，才能为人民教育事业作出贡献。

（三）有助于培养学生的义务意识

教师的身教对学生的品德起着潜移默化的作用。教师想把学生培养成什么样的人，自己首先就应当成为什么样的人。教师在工作中积极、严格地恪守职业义务，可为学生树立榜样，使学生确立道德信心以及自觉履行义务的责任感，从而使受教育者成为能够恪守职业义务、负责任的人。

(四)有利于培养教师高尚的道德品质

只有面临和经历过道德冲突考验的义务和品质才是靠得住的。教师在履行道德义务时往往会遇到考验道德意志的情况。经过教师教育活动的反复实践和认识,外在的义务要求会逐步内化为教师的“内心需要”。苏霍姆林斯基提出:“恪守义务可以使人变得更高尚。教育者的任务,就在于使义务感成为自觉纪律这个极其重要品质的核心,缺少了这个品质,学校就是不可想象的。”[①] 因此,教师道德义务的真正确立反过来有利于教师道德动机的增强,形成高尚的品质。

二、教师公正

教师公正即教师的教育公正,是指教师在教育和教学过程中,公平合理地对待和评价每一个学生。当前,教师职业的公正性是教师职业道德素养水平的一个重要标志。

(一)教师公正的特征

教师公正具有显著的特点,概括来说主要包括以下几个方面。

1. 教育性

教师公正的教育性主要是由教师劳动的特征来决定的,教师劳动的特点之一就是教育主体与教育手段的同一性,所以教师能否公正处世、能否建立起公正的人际关系特别是师生关系,往往对学生起到示范性和教育性的作用。

2. 自觉性

教育是一种目的性很强的社会活动,总是要教人从善。因此,与其他社会职业相比较,教师不管是在职前教育还是职后实践中,都会有较高的教育公正的自觉意识。

① B.A.苏霍姆林斯基. 和青年校长的谈话[M]. 赵玮,等译. 上海:上海教育出版社,1983:155.

3. 开放性

在信息时代,学生获得知识途径的多样性使他们所具有的价值观念、知识结构多元化,这可能或已经与教师形成了一定的差异。面对这种差异,教师公正便具有了一个新的特征,即开放性,这主要表现在以下几个方面。

第一,向孩子学习。教师如果能走进学生的世界,理解并尊重学生的天性,尊重学生的选择,就会惊喜地发现学生有许多方面值得成人学习。

第二,对学生的支持。在一定程度上可以说,学生的健康发展是各方面所追求的最大利益所在,教师的价值也在于此。对学生身上由于年龄、经历等的不同而存在的一些现象,只要可以肯定大方向是不错的,教师就应给予支持和鼓励。这也是教师公正开放性的主要表现形式。

4. 平等性

平等是公正的核心问题,也是教师公正的主要特征。概括来说,这一特性主要表现在以下两个方面。

第一,平等地对待不同家庭出身的学生。这也是现代教育对教师的要求。

第二,平等地对待不同类型的学生。如对学习好的学生和学习不好的学生,有特长的学生和没特长的学生等,教师都应该平等对待。

(二)教师公正的内容

教师公正的内容主要包括以下几点。

1. 面向全体

在教育教学中,教师应时刻牢记教育的对象是全体学生,要善待每位学生,真正做到一切为了学生,为了学生的一切,为了一切的学生。

2. 秉公办事

秉公办事主要反映在对社会不公平现象的评判和抨击以及对学生利益的公正处理两个方面。

3. 奖罚分明

奖罚是否能达到预期的目的,关键在于奖罚是否公平合理,教师要从教育目标出发,奖要合理,罚要公正,使学生心悦诚服。

4. 坚持真理

真理是对客观事物及其规律的反映。教师作为真理的传授者、学生思想品德的塑造者、学生心灵的陶冶者,应该是也必须是真理的化身。

三、教师良心

教师良心是指在教育实践中对社会向教师提出的一系列道德要求的自觉意识,是个人对学生、教师集体、学校和社会自觉履行职责的特殊责任感和道德自我评价能力。教师良心是隐藏在教师内心深处的一种意识活动,是教师道德觉悟的综合表现。教师良心具有重要意义,主要表现在以下几个方面。

(一)教师良心具有提升教师内在价值效能的作用

教育工作周期长、见效慢,因此,教师工作价值的显现具有长期性、隐蔽性和间接性的特点。教师良心能对自己起到鼓励和肯定的作用,激励自己无怨无悔地坚守信念。教师良心是教师追求美好教育生活的内在动力,会促使教师在日常教育生活中按照内在的善良意志来思考和行动,使自身的观念和行为符合教育规律的要求,把促进学生身心健康成长作为教育宗旨,尽职尽责,努力提升教育效果,在认真履行自身教育责任的过程中不断提升师德境界。

(二)教师良心能够对学生起到榜样作用

由于教育是造就人的事业,教育对象是性情、身心迥异的人,因此教师的引导和教育对学生的心灵世界有着深远的影响。教师是学生重要的影响源,在追求善的过程中,教师良心激励着教师不断净化心灵和升华道德品质,这对学生本身起着润物无声的教育作用。教师良心对学生发挥着重要的榜样效应。

（三）教师良心对教师的教育行为具有调控作用

任何一个教育过程都包含着各种各样的关系，存在着各种各样的矛盾，因此需要一个调控的机制，教师良心正是发挥着这种调控作用。教师良心支配着教师道德意识的各个方面，贯穿于其行为的各个阶段。

四、教师仁慈

教师仁慈的含义表现在对学生心态的正、反两个方面：一是教师对学生无条件的爱心；二是教师对学生的高度宽容。而这两个方面又是互相关联在一起的。教师仁慈具有显著的特点，概括来说主要包括以下几个方面。

（一）教育性

教师仁慈的教育性可以从两个方面加以说明。

1. 教育事业规定仁慈的特质

教育事业对仁慈有一种职业性的规定。中国人有句俗语，“师生如父子”。教师的仁慈是一种无私的“类”（人类）的关怀、理智的热爱，一种事业性的伦理实践，而不像父母对子女那样带有个体性和血缘关系的性质——因而可能带有一定的狭隘与盲目性质。

2. 教育事业要求仁慈的德行

仁慈是教育的本性。对于从事教育工作的教师来说，坚持教育公正当然是非常重要的。但是教育事业是一个充满爱心的事业。在一定程度上，教育事业要求我们爱学生，爱学生也就是爱教育事业。同时，教育公正离开教师对学生的爱心、宽容、理解和扶助也是无法真正实现的。所以，教育事业要求教师必须具有仁慈的德行。

（二）方法特性

仁慈的理性特质的一个重要内涵是方法特性。教师的仁慈在一般人际关系中运用时也要讲究方法。但是涉及教育对象时，由于学生的年龄与发展的实际和教育规律的制约，这一方法特征就会表现得更为明显。方法特性是教师仁慈的最重要的特性之一。教师尤其是现代教师，由于经过专业训练，也应当是爱而得法的。

（三）理性色彩

理性色彩是教师仁慈的一个显著特点，这主要表现在以下几个方面。

第一，教师重视学生的长远发展，从长远利益出发考虑对学生的关怀。

第二，教师对学生的仁慈建立在教师对教育事业的神圣性的理解之上。实际上教师的仁慈并不仅仅是个人品质或做人原则，更是保证教育事业目标实现的必然要求。

五、教师威信

（一）教师威信形成的条件

教师威信形成的条件是多方面的，概括起来可分为主客观两个方面。

1. 客观条件

教师威信形成的客观条件主要包括以下几个方面。

（1）家长对教师的态度是影响教师威信的重要因素

学生家长对教师的态度，取决于他们对教师工作意义的认识及其正确对待子女进步、成长的程度。因此，为了提高教师威信，最终也是为了更有效地教育孩子，应该在家庭中营造尊敬教师、自觉维护教师威信的良好气氛。

（2）教师在全社会享有的政治和经济地位、全民族的道德文化素养和尊师重教的良好社会风气是教师威信形成的重要条件

教师威信如何，与教师在社会上享有的政治和经济地位、全民族的道德文化素养、社会上尊师重教的风气有着直接的关系。只有教师受到足够的重视，教师职业才会真正成为人们所敬仰的职业，教师威信才能形成。

（3）教育行政机关和学校领导对教师工作的信任、关心和支持是提高教师威信的一个重要条件

教育行政机关和学校领导代表着一个国家的政府在教育领域内行使其组织、计划、决策、指导等职能活动，它们是直接管理学校的权力机构和人物。教育行政机关和学校领导要努力维护教师的教师威信，把与教师的行政关系、上下级关系改善成同志加朋友的关系。在政治上信任教师，在生活上关心他们，在工作上支持他们，多肯定他们的业绩，多发挥他们的长处，激励他们的工作积极性，鼓励他们不断进步。当然，教师也会存在这样那样的不足，作为上级领导，应本着与人为善的态度，真诚地向教师指出，切忌滥用职权，居高临下、盛气凌人地对教师横加指责和随意批评。

2. 主观条件

教师威信形成的主观条件主要包括以下几个方面。

（1）教师的人格魅力

热情、和蔼、诚实、谦逊、守信、公正等人格特性可以使学生对教师产生信任感，有助于教师威信的树立与提高。而冷漠、粗暴、虚伪、傲慢、失信、偏袒等人格特性则会导致学生对教师产生不信任感。这样的教师即便具备良好的专业素质，也难以被学生认可。

（2）教师的专业素质

教师的专业素质包括教师的专业知识和专业技能。如果教师在其所教学科方面不具备应有的丰富知识和熟练技能，那么便不能指导学生解决学习中遇到的问题，因此不能“镇”住学生。因此，教师对学生的权威首先是专业权威。

（3）教师的评价手段

教师的评价手段包括教师对学生评价的时机是否适当、评价的场合是否适宜、评价的强度是否适中、评价的方式是否合适，这些都关系到

评价的效果，影响着学生对教师所作评价的接受程度，并因此而影响到教师权威的建立与巩固。

（4）师生关系

师生关系良好时，教师所施加的影响即便是错误的，学生也能乐意接受，尽管这种接受常带有盲目性；师生关系恶化时，教师所施加的影响即便是正确的，学生也难以接受。

（二）教师威信形成的途径

1. 日常师生交往

日常生活中的师生交往是师生相互作用的一种特殊形式。在此交往中，师生都能坦然表现个人的观点、思想、兴趣、情感，增进相互之间的了解，融洽师生关系。教师的品质和行为习惯在此过程中能更深刻地影响学生，并使学生产生一种亲近感，增强学生对教师的信赖和尊敬。在这种交往中，教师能够成为学生真正的良师益友，使学生得到各种需要和满足。学生能从教师那儿学到课堂上、书本上学不到的为人处世的道理和态度，在成长的道路上更快地进步，从而进一步增强了对教师的信赖和崇敬。

2. 学校教育教学实践活动

教师是对学生进行教育教学的组织者，只有在这些活动中才能展示教师的各种素质。教育教学实践活动既向教师提出了客观要求，又为教师提供了锻炼的机会。教师如果在教育教学实践活动中表现出色，能够赢得学生的喜爱，那么对于提高教师威信具有积极意义。

3. 第一印象的建立

教师第一次和学生见面时，学生会注意观察教师的仪表、衣着、谈吐、风度、表情、动作等，然后根据观察所得，给教师作出一个初步的评价，这就是对教师的第一印象。社会心理学通过研究认为，人们相互间的第一印象是影响以后人际关系的重要因素。第一印象可以给人造成一种“先入为主”的心理定式，影响以后对别人的看法和态度。

教师和学生初次见面，特别是上第一节课的情况，常常会给学生留下深刻的印象。因此，教师对与学生的初次见面，要做好充分准备，掌握学生心理，熟悉教材，力求表现出较强的教学能力。如果没有认真准备，一上讲台或遇到学生提问，就表现出心情紧张、语无伦次、举止呆板、信心不足、精神不振，那么就会给学生留下“不高明”或“无能”的印象，不利于威信的形成。当然，第一印象也是可以改变的，教师如果第一印象没建立好，通过长期接触，随着学生对教师的深入了解，对教师的印象也可以慢慢好转，但这毕竟要花费更大的代价。

六、教师幸福

教师幸福是教师人生的主题和人生的根本问题，是教师职业道德的出发点和归宿，是教师通过职业活动获得的一种满足和愉悦。教师在职业生涯中有了快乐的心态，才会有一个与学生共同成长的快乐过程，才能在繁忙与劳累的工作中寻找到当教师的意义，体会到当教师的幸福感。

（一）教师幸福的特点

教师幸福的特点主要包括以下几个方面。

1. 精神性

教师从事自己的职业活动，也是自己生命价值和自身发展的体现。教师这个职业，让每位从教者一次次蝶变，使自己更深切地感悟到人生的真谛，使自己的心境走向平和与豁达，让自己逐渐明白幸福原来触手可及，就在心底。所以说，教师幸福具有精神性的特点。

2. 无限性

一个教师即使退休或停止了教育工作，也丝毫不妨碍学生对他永远尊敬，也不影响他对所从事过的这一事业及其劳动成果的美好回忆。

3. 集体性

一般来说，教师在教育工作中至少直接存在教师个体与学生个体之间、教师个体与教师集体之间、教师个体与学生集体之间、教师集体与学生集体之间的合作关系这四种合作关系。一个学生,我们可以说是某某老师的学生,也可以说是某某学校的学生、某某班的学生。因此,教师的幸福具有集体性的特点。

4. 关系性

关系性即给予性与被给予性。也就是说,教师只有进行了富于热情和智慧的给予才能从自己的教育对象身上看到自己的劳动成果,进而实现精神享用——体验幸福。当然,被给予也包括那种直接来自学生的积极反馈。

(二)教师幸福能力的提升

幸福能力是主体发现、感受与创造幸福的能力。教师幸福是社会环境和教师品质、能力共同作用的结果。要提升教师幸福能力,需要做到以下几个方面。

1. 拥有健康的身心

教师要提升幸福能力,身心健康是前提条件。常言道:“身体是革命的本钱。”教师的工作量巨大,并且具有延展性,即使下了班,也要备课、批改作业和思考一些班上要解决的事情等。因此,自己解放自己、释放压力,增强体质是当务之急,而坚持体育锻炼无疑是最佳途径。

2. 建构合理的幸福观

幸福观即人们对什么是幸福、幸福的标准以及获取幸福的途径等问题的根本性看法和态度,它是一个人的人生观和价值观在对待幸福问题上的集中表现,对幸福的方向和强度具有导向和驱动的作用。作为教师,要在自己的职业中获取幸福,首先必须树立健康的幸福观。

3. 树立积极的心态和敬业的态度

当人们寻找生命的真谛,追求人生的价值时,就会审视脚下的每一步,思考存在的每一秒。态度决定了我们的生活是不是圆满,也决定了我们的人生是不是快乐幸福。

4. 营造良好的社会环境和工作环境

构筑和谐的社会环境，营造良好的工作环境，倡导亲师信道的课堂氛围，无疑是教师获得幸福的必要条件。除此之外，国家还需从政策与法律上保护教师的人格和尊严。我国近年来多次颁布法律法规并制定一系列政策规定以保障教师的合法权益、尊严和人格不受侵害，并多次以不同形式提高教师的社会地位与工作待遇，以确保教师的正当利益得到保护和教育事业的顺利进行。这些都体现了社会与人民对教师的充分认可与尊重，也成为教师幸福的来源和保障。

第四节　高校教师职业道德的特点和作用

一、高校教师职业道德的特点

高校教师职业道德的基本特点是从高等教育职业劳动的特殊性中产生的。与其他职业劳动以及中小学教师职业劳动相比，高校教师职业道德具有以下基本特点。

（一）理想性

高校教师职业道德的理想性是指高校教师对该职业价值的认识与追求具有价值导向性与精神崇高性，它是由高等教育和高校教师职业的重要性决定的。高等教育在今天是人们接受全面素质教育的重要阶段，是培养接班人、促进社会文明进步的重要手段。高校教师职业道德的理想性要求高校教师充分认识自己劳动的社会价值，树立崇高的职业道德理想，自觉用人类先进的科学文化知识和最进步、最高尚的道德去培养教育大学生。认识高校教师职业道德的理想性特征并树立崇高的职业道德理想，对高校教师职业道德品质的养成具有重要的方向性、指导性意义。

（二）高层次性

高校教师职业道德的高层次性表现在以下两个方面。

第一，教师职业道德是整个社会职业道德的更高层次。高校教师担负着推动社会进步的历史重任，这种历史重任也把教师职业道德推到了整个社会职业道德的更高层次上。在当今科学技术迅猛发展、国际竞争日趋激烈的情况下，科技和教育越来越成为经济和社会可持续发展的驱动力，社会的进步比以往任何时候都更加依赖于高等教育。因此，高校教师在职业实践中，会将职业与自己的生命、个性和人生理想融为一体，把职业的社会期望与道德义务化为自身的职业良心和人生志向，在实现自身价值的同时，也实现了劳动、创造、奉献社会的崇高目的。

第二，教师职业道德呈现出传递人类文明、塑造人类未来的伟大与崇高。高等院校是新思想、新理论、新科技的策源地，是高层次人才培养的摇篮，为此，高校教师需要有更坚实的专业理论基础、更广阔的知识视野、更出色的智慧和能力、更高尚的职业道德品质和更健全的道德人格。唯有如此，高校教师才能承担起科技创新、培养高层次人才的职业职责。

（三）深远性

无论是对大学生还是对社会发展来说，教师职业道德的影响都异常深远。与其他职业相比，高校教师的职业道德活动直接关系到大学生的人格塑造，进而也直接影响到整个社会的前途与未来。“深”是指高校教师的职业道德将会影响到大学生的心灵深处，关系到大学生的性格与品质塑造。苏联教育家苏霍姆林斯基曾经说过，教育是人与人心灵上最微秒的相互接触，学校是人们心灵相互接触的世界。由此可见，教育活动对人的影响不仅在于学生的技能，更在于学生的心灵深处。“远”是指高校教师的职业道德活动将会对学生的一生产生重要的影响，进而影响到学生的前途与未来。高校教师的职业道德影响的不仅是教师还包括社会。高等教育是一项关系到社会以后十几年和几十年发展大计的重要事业。高校教师的职业道德状况如何，将对高等教育产生直接的影响。

（四）典范性

典范性是指高校教师的品德和行为对大学生的品德形成与行为具有榜样作用。高校教师劳动的对象是有思想、有感情、有个性的大学生，教师教育学生的手段除了自己的业务专长之外，还有自己的品德和人格，而且品德和人格是更为重要的一种手段。高校教师劳动的典范作用是强有力的教育因素，具有强烈的感染性、连续性、广延性。其典范性表现在两个方面。

第一，激励。大学生因仰慕教师优良的思想、行为和品德，从而受到感染，激发向上的热情。

第二，矫正。教师的行为成为大学生的一面镜子，以师为镜，使大学生自我对照、反省和引起愧疚，从而自觉克服自身的不良思想，矫正不良言行。

为此，高校教师要不断运用自己的品格、学识、智慧去赢得学生发自内心的尊重与爱戴。

（五）全面性

全面性是指高等教育的育人目标是培养思想道德素质和科学文化素质全面发展的社会主义现代化建设的优秀人才。高校教师职业道德的全面性是由两个因素决定的。

1. 由高等教育的目的决定的

一定的教育目的决定一定社会教师的任务以及教师应该具备的素质。高等教育的育人目标是把大学生培养成有理想、有文化、有道德、有纪律、热爱祖国、追求新知、艰苦奋斗、实事求是、独立思考、勇于创新、尊重他人和团结协作的社会主义新型人才，这一育人目标对高校教师的业务素质和道德素质提出了全面要求，使教师职业道德表现出全面性的特点。

2. 由高校教师职业劳动的需要决定的

高校教师的职业劳动始终围绕着人与人之间的关系进行，并且受诸多因素的制约。高校教师要正确处理师生之间、教师与教师之间、教师与各级领导之间、教师与各职能部门之间、教师与后勤服务人员之间、教师与家长及社会之间的诸多道德关系,要协调社会、学校、家庭等诸多道德关系。面对多样化、复杂化的道德关系,高校教师职业道德必须具有全面性特征,高校教师必须能够应对各种复杂的关系和情况。

二、高校教师职业道德的作用

高校教师职业道德的作用是多方面的,各种作用之间相互影响、相互作用。概括来说,高校教师职业道德的作用主要包括以下几个方面。

(一)导向作用

导向作用是指高校教师职业道德的相关内容为高校教师指明了努力的方向。在教育活动中,教师处于主导的地位,教师对学生的成长具有重要的指导作用。教师职业道德的导向作用集中体现在教师职业道德的原则、规范和要求中,从本质上来说,教师职业道德的原则、规范和要求是一种对教师职业要求的行为准则。这种行为准则根据内容可以分为应该怎样的行为准则和不应该怎样的行为准则,这两种行为准则不仅规定得非常明确和具体,而且导向性非常强,给教师指出了行动的方向。

(二)教育作用

高校教师职业道德的教育作用体现在对高校教师的教育作用和对学生的教育作用两个方面。

1.对高校教师的教育作用

高校教师职业道德对教师的教育作用是指通过对教师职业道德的学习,培养教师的职业道德信念,提高教师的职业道德精神境界和师德水平,强化教师的责任感和事业心。具体来说,高校教师职业道德对教师的教育作用主要表现在以下几个方面。

第一,高校教师职业道德教育教师应该正确对待在教育过程中出现的各种问题。教师职业道德从社会需要和道德的角度指明了教师应该具有的坚定信念和应该努力克服教育过程中出现的各种问题，应该始终保持高尚的道德情操。

第二，高校教师职业道德帮助教师正确认识自己的职业价值。教师担负着为社会培养合格人才的重要使命，没有人民教师，社会的进步会延缓，人类社会的发展将会停滞不前。

第三，高校教师职业道德教育教师要努力钻研业务。一个具有高尚职业道德的教师必须具有较高的专业能力，能够高屋建瓴地分析、处理教材。

第四，高校教师职业道德教育教师要正确处理教育过程中的各种关系。教师要热爱和尊重学生，要正确处理好与同事之间的关系，要恰当处理好与学生家长之间的关系；而对于尚缺乏经验的年轻教师，有经验的教师应该给予他们关怀，将经验传授给他们，使之能够更好地服务于教育事业。

2. 对学生的教育作用

教师是学生学习的最直观的榜样。高校教师的教育对象主要是大学生，他们处在成长和发展的关键时期，要懂得做人的道理，就得学习，既要向书本学习，又要向社会学习。教师把教育者对学生提出的思想道德方面的规范要求具体化、人格化，使学生从具象的榜样中受到启迪和教育，从而增强言教的可信度、吸引力和有效性。学生可以从教师的道德行为中认识社会主义社会人与人之间平等、互助、友好、和谐的新型关系，体验社会主义道德的真理性和高尚性。如果教师能够始终如一地用自己的道德人格对学生加以示范和引导，就会有力地促进学生正确的道德观念的形成，并使这种观念向道德行为转化。教师的道德通过学生所具有的“向师性”发挥教育作用，并体现在学生的模仿行为中。教师好的品质、自觉的道德行为，可以为学生所效仿；教师不好的品德、不自觉的道德行为，也会为学生所效仿。教师职业道德对学生的教育作用还表现在，有助于在学生中建立起教师集体和个人的威信。这种威信是教育成功不可缺少的。威信不同于威严，威严可以用强制性手段维持，而威信只能来自教师的德和才。有德有才的教师在学生中才有较高威信。

（三）促进作用

促进作用是指高校教师职业道德对社会精神文明建设和教育教学工作具有一定的促进作用。

1. 对社会精神文明建设的促进作用

高校教师职业道德对社会精神文明建设具有积极的促进作用，这主要表现在以下三个方面。

第一，教师的道德品质、敬业精神和行为表现，对学生成长有着重大的影响。当一批又一批的学生带着教师道德品质的影响或“种子”走向社会，在各自的生活和工作中会自觉、不自觉地影响他人，从而促进整个社会的道德建设。

第二，教师职业道德本身属于社会主义道德建设的一部分，加强教师职业道德的建设，提高教师的职业道德素养，将会对其他职业甚至是整个社会的道德建设产生积极的影响。

第三，教师职业道德还将通过教师自身的言行直接影响他人和社会。教师的一言一行，对家庭成员、亲朋好友、左邻右舍乃至其他人员，都有一种直接或间接的影响，进而对社会的精神文明建设产生积极的促进作用。

2. 对教育教学工作的促进作用

高校教师职业道德对教育教学工作具有直接的促进作用，这主要表现在以下两个方面。

第一，严格遵守教师职业道德的规范和要求，有利于教师在教育教学过程中选择正确的道德行为，避免出现不道德的行为，以保证教育教学工作的顺利进行。

第二，教师具有良好的教师职业道德会得到学生的尊重、家长的肯定、学校的表扬，这将会极大地增强教师的自信，从而使教师在教育教学过程中充满干劲，将教育教学工作做得更好。

（四）调节作用

调节作用是指通过教育、评价、命令等方式，指导和纠正教师的职业行为,协调教师劳动中的各种关系,它是高校教师职业道德的最基本也是最重要的作用。

调节教师劳动中的各种关系,首先当然要靠党和国家的方针、政策,还要靠学校的教育计划、教学大纲、规章制度和纪律。但是仅有这些还是不够的,建立在人们内心信念基础上的教师职业道德在教育过程中的调节作用,是一切法规、制度等都无法代替的。

教师与学生的关系是教育中最基本的人际关系。在教师与学生的关系中,教师处于主导地位。教师在选择教育行为时,可以这样做,也可以那样做;教师与学生发生矛盾时,可以这样处理,也可以那样处理。教师道德的调节作用在于,它不仅能够引导教师自觉选择符合教育规律要求的正确态度和正确方法,还能够通过社会舆论的监督和评价,使教师坚持符合道德要求的行为,终止或纠正违背道德要求的行为。

高校教师职业道德对于调节教育过程中的其他人际关系,如教师与教师的关系、教师与学校领导的关系、教师与学生家长的关系等,同样具有重要意义。所有这些关系都直接或间接地影响着教育过程和教育效果。教师职业道德可以为教师提供认识和处理这些关系的正确态度和方法,以便随时协调好自己同其他教育者的行为,形成教育合力,更好地对学生开展教育。

第五节　提升高校教师职业道德修养的必要性

高校教师是发展高等教育事业最基本的依靠力量,建设一支高素质的高校教师队伍是发展高等教育的关键,师德建设则是教师队伍建设的核心。提升高校教师职业道德修养具有极为重要的意义,这主要体现在以下几个方面。

一、有助于大学生道德观念的形成

大学生处于学知识、立品德的重要时期,具有极强的模仿性和可塑性。高校教师作为大学生成长中的“重要他人”发挥着突出的作用。学生直接从教师的教育劳动中表现出来的道德意识和道德行为中汲取是非善恶的观念。教师的一言一行、一举一动都可对大学生产生重要的影响,他们正处于世界观、人生观、价值观等形成的重要时期,已经能够对教师的教育行为进行是非善恶区分。由此可见,高校教师职业道德在大学生成长中具有重要的作用。

二、有助于高等教育事业的顺利进行

教育活动中的各个过程都包含着各种道德关系,如教师与教师之间的关系、教师与学生之间的关系、教师与家长之间的关系等,处理好这些关系对教育事业的顺利发展具有积极意义。有效处理与协调这些复杂关系的最根本途径是依靠教师自身良好的道德素质。高校教师如果拥有良好的道德素质,便能够有效处理教育事业中出现的各种关系,从而保证教育事业的顺利进行。相反,如果高校教师没有良好的道德素质,在教学过程中就会出现各种问题,如师生之间关系对立、紧张僵化,教师之间互相埋怨,教师与家长之间相互拆台,那么教育教学活动必定受到影响,教育效果必定大打折扣,这对于教育事业发展是极为不利的。所以说,学习与实践高校教师职业道德有助于教育事业的顺利进行。

三、有助于大学生道德行为的养成

良好道德行为的养成虽然需要教师向学生讲授正确的道德知识,但更需要教师促成道德知识、观念的外化。高校教师作为大学生在学校生活中接触到的最直接、最真实的道德榜样,可以通过自己的身体力行来印证课堂的言教,给学生一种无法物化在书本上的人生智慧。这种身体力行的示范比明理言志更深刻,比高谈阔论更生动,更具撼动人心的说服力。总之,在教育过程中教师对学生起着重要的榜样作用,高校教师职业道德不仅对教师自身是一种行为规范,而且对学生具有重要的影响。

四、有助于促进良好社会道德风气的形成

提升高校教师职业道德有助于促进良好社会道德风气的形成,这主

要表现在以下两个方面。

第一，通过高校教师亲自参与社会活动，直接影响社会。在社会活动中，教师已形成的道德品质不会因为离开职业生活而消失，而是将这些优良品质带进家庭生活，与家人相互亲爱、与亲友友好往来、与邻里和睦相处，在公共生活中尊老爱幼、遵纪守法，这无疑都会对良好社会风气的形成起到促进作用。

第二，通过培养学生的优良品质，间接对社会产生影响。高校教师在教学活动中所展现的面貌将会对学生道德品质的形成产生直接影响，学生在走入社会之后，也会将自己所形成的品质带入社会，从而对社会道德风气的形成产生广泛而深刻的影响。

五、有助于高校教师职业道德信念的坚定

高校教师职业道德的基本理论指明了高校教师应该具备的基本道德品质以及为什么应该具备这些品质。教师只有对师德修养的重要性具有一定的认同感和信服感，才能不断通过理论学习来提高自身的道德品质。所以说，高校教师职业道德为教师选择合理的行为确立了基本规范、原则，是教师坚定职业道德信念的标准，是教师自觉提高师德修养的指南，学习与实践高校教师职业道德有助于教师职业道德信念的坚定。

六、有助于教师事业心与责任感的增强

教育是一种复杂的社会实践活动，其中的道德矛盾和利益关系也是错综复杂的。尤其是我国正处于深刻的社会变革中，教育领域中也出现了大量的道德疑难问题，如请客送礼、学术造假等问题。面对诸如此类的问题，如何正确地去思考和行动，就需要教师拥有高尚的职业道德。因为只有当高校教师职业道德的规范和原则内化为教师个体品质后，才会成为一种内在力量，指导和支配着教师的行为，使他们在纷繁复杂的现实生活中保持强烈的事业心和责任感。

第二章 高校教师职业道德的原则与规范

高校教师职业道德的原则与规范是教师在从事教育实践活动中必须遵循的基本道德要求和行为准则，是对教师行为的基本要求和评价标准。教师职业道德规范的具体内容和要求随着时代的发展和教育实践活动的变化而不断更新和完善，以保证教育实践活动的正常进行。

第一节　高校教师职业道德的原则

一、高校教师职业道德原则的含义

高校教师职业道德原则是高校教师在职业活动中应遵循的根本活动准则，是对高校教师职业道德行为提出的基本指导思想。它贯穿于高校教师职业活动过程的始终，是教师职业道德体系的精髓，是衡量教师个人行为和品质的最高道德标准。高校教师可以从以下两个方面来理解和把握高校教师职业道德原则的含义。

（一）高校教师职业道德原则是调整教师个人与他人、社会利益关系的根本指导原则

高校教师职业道德原则是调整教师个人与他人、社会利益关系的根本指导原则，是高校教师职业道德规范的基础和指导。它们规定了高校教师在教育实践活动中应该如何处理个人与他人、个人与社会之间的关系，以及如何履行自己的职业责任和义务。

（二）高校教师职业道德原则是评价高校教师职业行为的最高道德标准

高校教师职业道德原则是评价高校教师职业行为的最高道德标准，其原因包括以下两个方面。

第一，高校教师职业道德原则贯穿于高校教师的整个教育活动中，为高校教师的实践活动指明了方向，体现了教师职业道德活动的本质属性。高校教师职业道德原则在高校教师道德体系中居于核心地位，是评价高校教师职业行为的最高层次的道德标准。

第二，从法律和道德规范人们行为的方式上来看，法律是依靠国家强制力来对人们进行约束的一种行为，而道德则是依靠社会舆论和人们

内心的信念来对人们进行约束的一种行为。因此，道德的要求是比法律更高层次的要求。从这个意义上可以说，高校教师职业道德原则是评价高校教师职业行为的最高道德标准。

二、高校教师职业道德原则的特征

高校教师职业道德原则具有以下几个特征（图 2–1）。

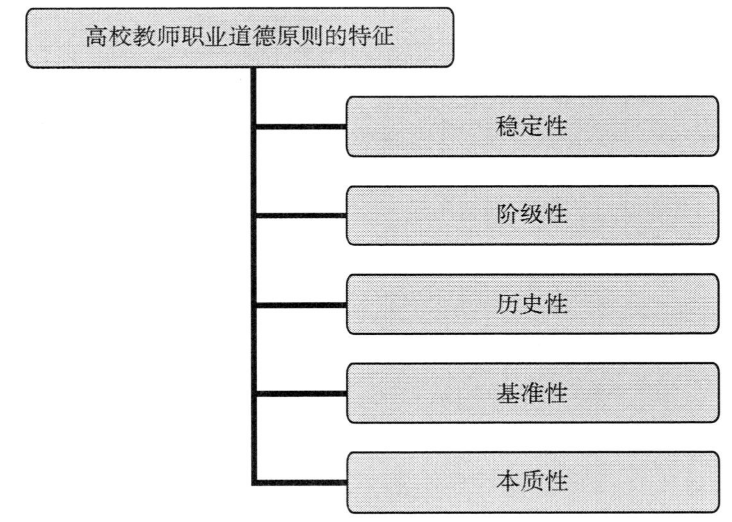

图 2–1　高校教师职业道德原则的特征

（一）稳定性

随着社会经济、政治和文化的发展，随着高校教师职业活动环境的变化，高校教师职业道德规范中的具体要求应当也必然有所调整、有所变化，而高校教师职业道德原则较为稳定。例如，作为高校教师，就必须遵循教书育人这一道德原则，这是任何社会、任何时代对教师的共同要求。

（二）阶级性

教师职业道德不仅体现了一定社会教师的社会地位、功能、责任、义务、利益等，而且体现了一般社会道德的阶级本质。从职业道德与一般社会道德的关系来看，一定社会的职业道德虽然是在特定的职业活动中形成的，但它绝不能离开一定社会占统治地位的阶级道德而独立存在。在有阶级和阶级斗争的社会里，人们的职业活动和行业关系必然要受阶级关系、阶级利益和阶级意识的制约和影响，所以职业道德必然具有阶级性。作为高校教师职业道德体系的核心内容，高校教师职业道德原则最集中地反映了高校教师职业的本质属性，具有鲜明的阶级性特点。

（三）历史性

一定社会的职业道德是随着社会历史条件和经济关系的发展而发展变化的，是一个历史范畴。任何道德，包括教师职业道德，都是社会发展的产物。高校教师职业道德原则作为高校教师职业道德体系中相对稳定的部分，必然随着社会的发展变化而产生相应的变化，所以具有历史性的特点。

（四）基准性

高校教师职业道德原则是高校教师在道德实践中进行道德教育、道德修养、道德选择和道德评价时必须遵循的基本准则，是高校教师道德实践活动的行为准则。高校教师职业道德原则对高校教师的道德行为具有普遍的约束力和指导意义。

（五）本质性

高校教师职业道德原则是高校教师职业道德社会本质最直接、最集中的反映，是高校教师职业道德区别于其他各种不同类型道德最根本、最显著的标志。高校教师职业道德规范是高校教师职业道德原则在实践中的具体体现，高校教师职业道德原则是教师职业道德规范的本质。

三、确立高校教师职业道德原则的依据

高校教师职业道德原则作为对高校教师职业行为具有应然意义的规定，必须有充分的依据。具体来说，这些依据主要包括以下几个方面

（图 2–2）。

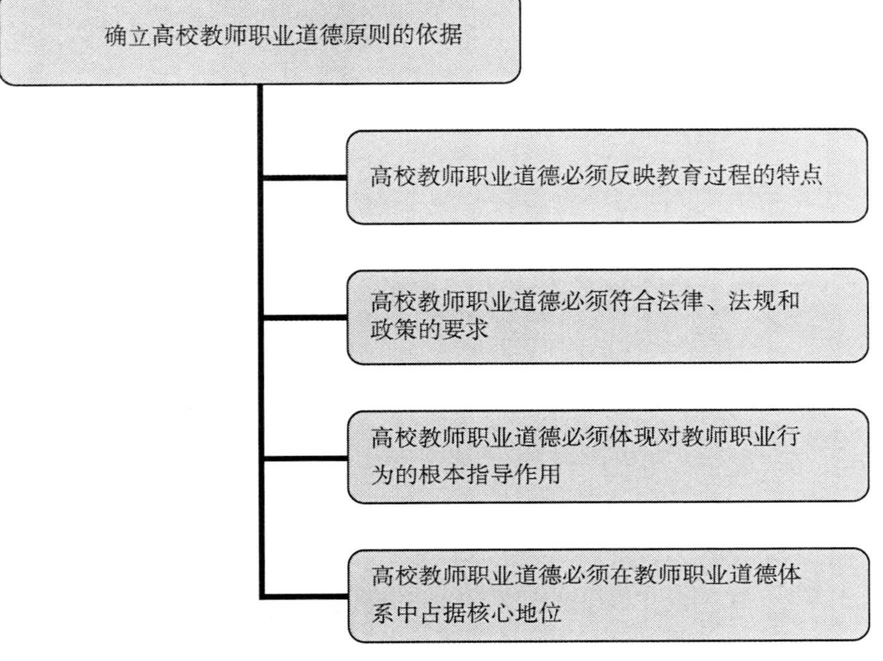

图 2–2　确立高校教师职业道德原则的依据

（一）高校教师职业道德必须反映教育过程的特点

具体来说，高校教师职业道德原则必须反映教育过程的以下几个特点。

1. 目的性特点

教育目的是指规定教育要实现的结果或要达到的标准，它是人类社会所特有的现象。教育目的强调未来，着重设定一定的指标，以此作为一种引导现实发展的标志。教育目的是对未来的客观现实的超前或预先反映。教育目的的超越性特点从根本上规定了教育过程的指向，对于过程施以导向性作用。相应地，高校教师职业道德原则就必须反映这种超越性，以超越于现实的要求去规范和引导教育者的职业劳动。

2. 长期性特点

教育是人类社会永恒存在的活动现象，随着社会的发展和进步，知识的积累越来越丰富，人们对生活质量要求也越来越高，终身教育的观念深入人心。这种教育无论对于个体还是对于社会都将长期存在的事实，便决定了高校教师职业道德的原则必须与这一特点相适应而具有相对的稳定性。这种稳定性要求高校教师职业道德原则必须符合全社会的长远发展，必须对教育活动具有长远的影响。

3. 一贯性特点

任何社会的教育，无论是在教育内容上还是在教育形式上，都是对其原有教育的继承和发展，具有一贯性的特点，这主要表现在以下两个方面。

第一，它包含传统教育的合理成分，采用传统教育的合理形式。

第二，它又与社会发展需要相适应，不断充实新的内容，采用与现代教育相适应的新形式。

4. 反复性特点

教育是一种培养人的活动，但作为培养对象的学生，其发展不仅受到教育者的影响，同时还会受到家庭、环境等其他方面的影响，这就使教育具有反复性的特点。具体来说，当教师根据一定目的对学生进行转化工作时，转化的道路并不总是一帆风顺的，可能不时会遇到来自学生的遗传、环境和个体素质等方面的干扰。这意味着，学生的成长道路表现为一种波浪式前进、螺旋式上升的状态。高校教师职业道德原则必须注意到教育过程的这一特点，从而对高校教师的教育活动进行有效的引导。

5. 互动性特点

在教育过程中，教师与学生之间是双向互动的，教育过程只有在师生之间相互配合和作用的情况下才可能顺利完成。这一特点决定高校教师职业道德原则必须对教育者与被教育者都具有引导和制约作用。当然，对教育者而言，高校教师职业道德原则在时间上不仅表现为一种即时性，而且表现为一种长期起作用的因素；它不仅表现为在具体行为上对教师的引导，还表现为在伦理精神上对教师的引导。而对于学生的影响和作用，高校教师职业道德原则往往并不表现为即时性，而是潜在地表现为对学生今后从业的影响和作用。

（二）高校教师职业道德必须符合法律、法规和政策的要求

确立高校教师职业道德原则必须符合法律、法规和政策的要求。在社会主义现代化建设中，加强法治建设，全面推进依法治教，是教育发展的必然要求，同时也是现代化教育发展的必然产物。在这一背景下，我国近年来出台了一些法律和法规，要求国家机关必须在法律规定的范围内从事有关教育的活动，要求各级各类学校必须按照法律和法规的规定从事办学活动和其他教育活动。对高校教师来说，就是依法治教。高校教师教书育人，要自觉遵守法律法规，带头执行党和国家的政策，具备良好的法纪风貌。

（三）高校教师职业道德必须体现对高校教师职业行为的根本指导作用

我们所要确立的高校教师职业道德原则，应当是对高校教师职业行为要求的高度概括，是社会主义道德在教育活动中的集中体现，它必须在高校教师职业行为中起根本指导作用。具体来说，高校教师职业道德原则对高校教师职业行为的根本指导作用表现在以下几个方面。

1. 高校教师职业道德原则必须指明高校教师行为的道德方向

道德原则以一种最普遍的形式表达一定社会最基本的伦理要求，是人们伦理行为所要遵循的最基本原则。因此，高校教师职业道德原则必须对高校教师职业道德行为的本质属性有一个概括，必须指明高校教师行为的道德方向。

2. 高校教师职业道德原则必须体现一般社会伦理原则对高校教师职业行为的基本要求

教师道德是社会道德体系中的一个重要组成部分，它必然要受到社会的制约，反映一定社会的道德要求。因此，高校教师职业道德原则必须体现一般社会伦理原则对高校教师职业行为的基本要求。

3. 高校教师职业道德原则必须体现教育劳动对高校教师道德的特殊要求

与其他职业道德相比,教师道德有着明显反映教育劳动特点的特殊要求。在教育过程中,教师不仅要用自己的学识教人,而且要用自己的品格育人;不仅通过语言传授知识,而且用自己的灵魂塑造人格。在教育劳动中,教师道德还是一种重要的劳动工具和手段。因此,高校教师道德的水准比其他职业道德更高,高校教师职业道德原则必须反映教育劳动对高校教师的特殊要求。

(四)高校教师职业道德必须在高校教师职业道德体系中占据核心地位

通过对高校教师职业道德体系结构的分析可知,高校教师职业道德原则在高校教师职业道德体系中具有核心地位,其核心地位主要表现在以下几个方面。

1. 高校教师职业道德原则是高校教师职业道德体系的总纲

高校教师职业道德的原则、规范和范畴构成了高校教师职业道德体系的基本要素。高校教师职业道德的规范和范畴均以高校教师职业道德原则作为中枢,高校教师职业道德原则是高校教师在教育活动中必须遵循的道德规范的主要依据,对高校教师的职业行为具有普遍的约束力。因此,高校教师在教育职业活动中一定要遵循高校教师职业道德原则。

2. 高校教师职业道德原则是调整教师个人与他人和社会之间关系的根本行为准则

高校教师职业道德的原则、规范和范畴都是调整教师与他人、与社会关系的行为准则,都是从不同的侧面区别于其他职业道德的。但是,这些规范和范畴在高校教师职业道德体系中的地位和作用与高校教师职业道德原则是不相同的,只有高校教师职业道德原则才是调整教师与他人及社会关系的根本行为准则,才具有区别高校教师职业道德与其他职业道德的基本特征。

3. 高校教师职业道德规范是高校教师职业道德原则的具体化

在道德建设中,凡是道德原则特别是基本的道德原则,总是用简练的方式进行表述的。而如果要把道德原则的内涵表述得更加明了和详细,就必须对其加以展开和具体化。因此,在确立高校教师职业道德原则的基础上,还必须根据教育的具体要求提出一些具体的高校教师职业道德规范。这样,既增强了高校教师职业道德原则的可操作性,又便于对高校教师的职业行为作出比较具体的伦理意义上的评价。

4. 高校教师职业道德原则派生出诸多规范

一般而言,原则也有规范的意思,规范也可以看作一种比较具体的原则。然而,二者是有区别的,高校教师职业道德规范必须依据高校教师职业道德原则,体现和反映教育伦理原则,两者是一种从属关系。

四、高校教师职业道德原则的要求

(一)要求高校教师具备良好的专业能力素质

教师是人类文明的传播者,这就决定了教师的职责之一是将人类社会的智慧财富传授给学生。教师掌握专业知识的广度和深度以及运用这些知识的能力,对教师的教育教学效果有直接的影响。渊博精深的专业知识和良好的职业技能是教师顺利实现教育教学目标、达到教育教学目的的基础和前提,是教师践行职业道德的重要手段。目前,我国正处在新的历史变革时期,知识和人才、民族素质和创新能力越来越成为综合国力的重要标志,成为推动或制约经济增长和社会发展的关键因素。这种形势就给当代的高校教师提出了更高的要求。它要求当代的高校教师不仅要掌握人类已有的知识经验,而且要随着时代的进步和科技的发展不断更新完善自己的知识结构和智力结构,培养终身学习的毅力和创新能力;不仅要善于向学生传递知识,而且要善于激发学生的求知欲,开发学生潜能,调动学生的学习积极性、主动性和创造性,促进学生身心的全面发展。

（二）要求高校教师树立崇高的职业道德理想

理想是决定事业方向、推动事业发展的精神力量。高校教师树立崇高的职业道德理想，具有以下几个方面的作用。

第一，能清醒地认识到时代赋予自己的神圣使命，从而把社会的进步和国家的富强作为自己的职业追求目标。

第二，在教育实践中将远大的目标与平凡的工作结合起来，会产生敬业乐业的意识，树立起教育教学的自信，从而产生巨大的精神力量。

第三，会在繁重的职业活动中用开拓精神振兴教育，用艰苦奋斗的精神服务于教育事业。

第四，高校教师能够清醒地认识到在教育实践中遇到的挫折和困难，并从中找到自己的价值和意义。

（三）要求高校教师掌握高超的教育教学艺术

教育是一门科学，也是一门艺术。高超的教育教学艺术是高校教师履行高校教师职业道德原则必不可少的一个方面。每个教师在进行教育和教学活动过程中，一方面要遵循教育活动的规律，运用准确的科学知识和严密的逻辑推理来启发学生；另一方面，还要善于运用精练的语言、娴熟的教法、具体生动的比喻等各种艺术化的形式，以美的力量去感染学生。艺术具有形象化、情感化的特点，而具体生动的形象能唤起学生的形象思维，激起学生内心情感的波澜。艺术化的教育教学形式能用美的形象与魅力去拨动学生的心弦，激发学生的好奇心，提高学生的成就感，从而收到意想不到的教育教学效果。

要掌握高超的教育教学艺术，教师一方面要遵循教育教学活动的规律；另一方面，要懂得马克思主义的审美观和审美情感，掌握正确的审美标准，在一切教学领域中引导学生认识美、欣赏美、创造美。

需要指出的是，掌握高超的教育教学艺术不是一蹴而就的，它需要高校教师在教育教学实践中不断总结，在吸收前人经验教训的基础上推陈出新，这是一个逐步完善的过程。

五、高校教师职业道德的具体原则

（一）教育民主原则

教育民主不仅是作为一种教育制度，而且是作为教师在教育劳动中必须信守的道德原则和教育措施而存在的。具体来说，高校教师要有效地实施教育民主原则，必须做到以下几个方面。

1. 正确认识和处理教育劳动中的两对重要关系

（1）教育民主与教育的社会制约性的关系

教育是生产发展到一定阶段才出现的，它受到社会政治、经济、文化各方面条件的制约。教育的超前性并不能否定这种制约性的存在。教育民主更是社会发展到一定阶段才出现的，它更不能超越社会的现实条件。

（2）教育主体和教育客体的关系

教育民主的实现与否与对教育主客体关系的认识有关。高校教师对自己在教育过程中的地位和作用的认识程度直接决定了其实施教育民主的程度。其实，真正的教育民主既不以教师为中心，也不以学生为中心。教师并不是单纯的主体，大学生也不是单纯的客体。教师是民主性的主体，大学生是能动性的客体。教师作为教育实践的主体，决定教师在教育实践中的主导地位和主体作用。但是学生作为教育实践的对象是一个有意识的人，他在教育过程中的一切行为都要受到自己意识的支配。学生的这种能动性决定了教师只有在发挥主导作用的同时发扬充分的民主，才能调动学生客体的主动性和积极性，从而使教育过程得以顺利进行。

2. 要全面客观地认识自身和学生的特点

作为高校教师，无论是在学识方面还是在人生阅历和社会经验方面，都是大学生难以比拟的。但是，和高校教师相比，大学生也有自身非常可贵的方面。例如，大学生的思想活跃，对事物的感受比较敏锐；他们很少受传统观念和条条框框的束缚，容易接受新鲜事物等。正因如此，大学生在高校教师的教育教学工作中所提出的意见、建议甚至是问题，都是对高校教师的一种促进。认识到这一点，高校教师就能认识到发扬教育民主的必要性，也可能产生一种发扬教育民主的迫切愿望。

3. 要有积极主动的参与意识

第一，要意识到参与教育决策和管理是自身的一种责任。在教育活动中，教育者是集多种责任于一身的主体。高校教师在处理与大学生的关系、与集体中其他成员的关系和与社会的关系的时候，其责任容易为人们所理解。其实，教育者的责任还应体现在对教育活动、教育决策的积极参与上，既积极认同别人的意见，又努力使自身正确的主张为管理层、决策层所关注、采纳。

第二，要意识到参与教育决策和管理是自己的一种权利。在社会主义社会，每个人都是主人，这并非一句空洞的说辞，而应该具有实实在在的内容，它具体体现在人民当家作主的实际行动中。教育的民主管理正是自身权利的体现。

（二）依法执教原则

依法执教是指教师在教育教学活动中，按照教育法律的规定，依法行使权利，自觉履行义务，逐步使教育教学工作走上法治化和规范化。高校教师做到依法执教，必须做到以下几点。

1. 树立教育法律意识和高度的教育法制理念

高校教师要做到依法执教，必须树立教育法律意识和高度的教育法治理念，而要做到这一点，高校教师一定要先学习好我国教育方面的法律法规，系统了解教育的本质特征、教育的法律规范、教育者和受教育者的权利和义务，以及如何实施教育法规。只有这样，教师才能在自己从教的过程中将其内化为自己的守法和护法行为。此外，高校教师还要具备基本的民法、行政诉讼法和刑法的基本知识。

2. 依法执教、依法治教

高校教师要做到依法治教，必须首先遵守法律法规。教师只有自己首先做到遵纪守法，才能为学生起到榜样的作用。教师要严格按照法律法规来进行教学，在教育活动中不可出现违法行为，要使守法和护法成为自己的一种自觉行为，要勇于维护法律的尊严，敢于同违法犯罪现象作斗争。高校教师不仅要做到依法治教，同时还要做到依法执教，高校教师一定要根据法律法规来履行教书育人的职责。教师要明白，师生之间是平等的法律主体，没有任何一条法律规定教师是凌驾于学生之上的。教师体罚学生不仅会对学生的身心造成伤害，也是法律不允许的。教师教育学生是出于教师的责任和义务，教师不能打着“一切都是为了学生好”的旗号体罚学生。

3.要用高校教师职业道德规范来约束、规范自己

“教书育人，为人师表”是教师职业道德规范的核心，这就要求高校教师要真正做到爱岗敬业、热爱学生、团结合作、廉洁从教等。教师只有严格按照这个标准来约束和规范自己，才能真正树立起威望，才能成为学生学习的榜样。总之，高校教师的行为既要符合法律规范，又要经得起良心的检验。

4.懂得用法律来维护自己和学生的权益

知法懂法的最终目的是要学会用法，要学会用法律来维护自己和学生的合法利益不受侵害。对于学校来说，应该严格遵守法律法规，不得侵犯高校教师和大学生的合法权益，也不得侵犯社会上其他人的合法权益。而当社会上其他人或组织侵犯了高校教师和大学生的合法权益时，学校也要敢于运用法律手段保护他们的权益。对于高校教师来说，当大学生的合法权益受到侵害时，要勇于通过法律途径来保护大学生的合法权益，这既是教师的责任，也是教师的义务。

5.高校教师教育教学活动的内容符合法律规定的要求

教育是一种比较富有创造性的活动，为了实现教育目标，各国的教育法往往会允许教师在开展具体的教学活动时较为自由地选择相应的教学内容，但又由于教学内容和教育目标之间存在密切联系，因此各国也会对教学内容作某些法律性的规定，高校教师选择的教学内容必须在法律规定的范围内。也就是说，高校教师教育教学活动的内容虽然在选择上具有一定的自由性，但必须符合法律规定的要求。

6. 教育教学活动的形式符合法律要求

虽然说教无定法，但为了取得较为理想的教学效果，许多国家对教育的形式等作了一些法律上的规定，如规定班级的规模、每天或者每周的教学课时以及每个课时的时间等。无论高校教师采用什么样的方式教育学生，其教育教学活动的形式都必须符合法律的要求。

（三）教育人道主义原则

教育人道主义是社会主义人道主义在教育领域、教育过程中的具体化和职业化。它调整教育过程参与者之间的各种人际关系，并为这些关系制定原则和规范。高校教师在教育教学工作中贯彻教育人道主义原则应做到以下几个方面。

1. 要了解学生

高校教师只有充分了解了学生，才能真正做到尊重学生。高校教师对学生了解得越多，师生之间的关系就会越好。学生具有独立的人格，教师应从学生特点出发，为学生发展着想，千方百计地引导他们实现自我。高校教师要做到客观公正地看待学生，要善于发现每个学生身上的闪光点，并且精心地呵护和引导他们。

2. 要关心学生

关心学生应以“爱”作为关心的存在方式，以“尊重”作为关心的前提。这种关心不是单方面的、强权的、自以为是的“关心”，而应考虑到被关怀者的需要，把被关怀者作为主动的角色纳入关怀者的视野。高校教师对学生的关心应该是全方位的，学生是以一个完整的生命体参与到教育中来的，所以，教育者既要关心他们的肉体，同时也应该关心他们的精神；既要关心他们理性认知能力的发展，同时也要关心他们意志品质的发展；既要关心他们当下的生活状态，同时也要考虑到他们未来的生活。只有这样，才能培养出身心健全的、符合社会发展需要的合格人才。

3. 要尊重学生

尊重学生要做到以下几个方面。

第一,尊重学生的人格尊严。尊重学生的人格尊严是对人的最起码的尊重。人格和尊严是人之为人的重要特征。尊重学生的人格尊严要求高校教师在教学活动中摒弃任何侮辱学生的言行,否则无法做到真正尊重学生。

第二,尊重学生的合法权益。尊重学生的合法权益包括他们受教育的权利、人身安全不受侵害的权利、个人隐私的权利,等等。这是学生作为社会平等一员所应享有的"一般人权"。即便是那些犯过错误需要惩罚的学生,高校教师也必须清醒地意识到这是对"人"的惩罚。因而,惩罚的方式应该是合乎人性的。

第三,要平等友好地对待学生。平等友好地对待学生要求教师摒弃对学生任何理由的傲慢、歧视与轻蔑,能够以"蹲下来"的姿态实现师生之间的平等交流与对话。这是一种真正的人与人的关系在教育领域中的展现。

第四,尊重学生身心发展的独特需求。学生的发展是一个连续的过程,每一个阶段都有着不同于其他阶段的独特性。学生又是一个个鲜活生命的个体行为,每个个体都具有独特的需求,因此,尊重学生身心发展的独特需要是教育人道主义的深层次表现。

4. 要注意赏罚分明

教师公正严明是学生信任教师的基础,学生从中能感到一种平等尊重和对自身的肯定。赏罚分明是教师公正的具体表现,对学生进行赏罚必须以教育为前提,在施教的过程中要做到赏罚有据、有度、公平合理。对于一些积极上进的学生要赏,而对于一些有过错的学生要进行适当的惩罚。需要指出的是,高校教师对学生的惩罚必须符合法律法规的要求。赏罚要坚持"诛大赏小"的原则,"诛大"就是要抓住带头的,处理首要的问题;"赏小"是指要奖励"普通士卒",多关注普通学生。赏罚只有成为激发调动学生内在动机的有效手段,才能取得长久的教育效果。

（四）乐教勤业原则

乐教勤业原则是指教师非常愿意从事教育事业，并且非常认真努力地从事教育工作。要贯彻乐教勤业的原则，高校教师必须做到以下几个方面。

1. 不断提高自身专业素质

随着社会的不断发展和进步，学生的认知水平发展也有了更高的起点，在这种情况下，高校教师只有不断地提高自身的专业素质，改善教学方法，才能适应社会的发展和学生发展的需要。所以说，终身学习是当代高校教师勤业、敬业的重要体现。

2. 热爱教育事业，乐于奉献

热爱教育事业、乐于奉献是从事教育工作的基础和动力，是高校教师实施乐教勤业原则的前提条件。只有热爱教育事业的高校教师才能认识到自身的社会责任和义务，才能懂得自己工作的重大意义，也才能乐于奉献、不断加强自身的道德修养，不断为教育事业培养出优秀的人才。

第二节　高校教师职业道德的规范

爱国守法、爱岗敬业、关爱学生、教书育人、为人师表和服务社会是我国全面提高高校教师职业道德水平的重要方面，这不仅是对新时代我国高校教师职业道德的规范，也是促进高校教师养成良好职业道德的重要引导。

一、爱国守法

（一）爱国守法的内涵

爱国守法包含两个方面的含义，即爱国和守法。

1. 爱国

爱国是一种高尚的道德心理体验，可表现为对祖国深切依恋的归属感；对祖国地理、历史、发展现状和国际地位的自豪感；对国家利益的责任感和使命感。对教师这一特殊职业而言，最好的爱国方式是把对祖国的热爱、对学生的关爱、对教育事业的责任感结合起来，在强化自身爱国情怀的同时，也对学生进行爱国主义教育。

（1）强化高校教师自身的爱国情怀

高校教师肩负着对大学生进行爱国主义教育的重任，为了更好地对大学生进行爱国主义教育，高校教师必须强化自身的爱国情怀，成为一位忠诚的爱国者。具体来说，高校教师可以通过以下途径来强化自身的爱国情怀。

第一，高校教师必须认识到自己的本职工作是与祖国的未来、国家的繁荣昌盛紧密联系在一起的，必须加强爱国的职业道德修养，发扬爱国主义精神。

第二，高校教师要做热爱祖国的典范，为人师表，努力使自己的言行有利于维护祖国的国格，给学生树立爱国的榜样。在遇到关乎国家利益的关键问题时，高校教师要注意对学生进行引导，表现出在政治上、道德上的坚定性和坚韧性，要捍卫国家的尊严并维护国家的统一，表现出对国家和民族的自信心。

第三，高校教师要有广博的文化基础知识，不仅要了解国家辉煌灿烂的历史，也要了解国家曾经历的屈辱和挫折，并且要关注国家目前的处境以及国家对人民的需要和期望。

（2）对学生进行爱国主义教育

在当下全球化教育改革的背景下，对学生进行爱国主义教育还要注意以下几点。

第一，在经济全球化的背景下，各国间的联系日益密切，相互依存度越来越高。高校教师在对学生进行爱国主义教育时要让学生知道中国的发展和进步只是世界发展和进步的一部分。高校教师对学生进行爱国主义教育,要有开放心态,强调全球意识,反对狭隘的民族主义和狭隘的爱国主义。

第二,对学生进行爱国主义教育要强调形成一种理性精神,辩证看待各国间的文化、文明的碰撞。理性的爱国主义要做到与不同国家和民族和平共处,求同存异,互相学习,取长补短,共同发展。要告诉学生,任何国家的历史和现实,既有光辉的一面,也有阴暗的一面;对自己的国家的历史,不能美化、粉饰。

第三,对学生进行爱国主义教育是学校德育工作的重要内容。学生对祖国的了解、认识,对祖国发自内心的爱,主要是在学校学习期间培养形成的。因此,培养学生的爱国情感,最重要的是引导学生发奋图强、刻苦学习。只有如此,学生才能了解自己的国家、人民和政治制度,才能产生对国家和人民的爱,才能掌握为祖国和人民奋斗的本领。

2. 守法

(1)全面贯彻国家的教育方针

《中华人民共和国教育法》(以下简称教师法)第五条规定的国家教育方针是:“教育必须为社会主义现代化建设服务,必须与生产劳动相结合,培养德、智、体等方面全面发展的社会主义事业的建设者和接班人。”国家以法律形式明确规定的教育方针,体现了教育的目标和价值。全面贯彻落实国家的教育方针,必须实施素质教育,即以提高人的思想道德素质、文化素质、专业素质、身体心理素质为根本内容和目的的教育。社会、学校、家庭都应当注重培养学生上述四个方面的素质,即人类普遍认同的价值标准:真、善、美、爱。高校教师作为国家教育方针的执行者,只有具有良好的道德素质和法治意识,才能全面贯彻国家的教育方针,全面实施素质教育,培养德、智、体、美全面发展的社会主义事业建设者和接班人。

(2)自觉遵守教育法律法规

作为公民,高校教师要带头遵守国家法律;作为从事教育职业的公民,高校教师应当自觉遵守与自己的职业活动有关的法律,依据法律法规从事教育工作。

（3）依法行使教育权利，依法履行教育义务

高校教师的权利是指法律规定教师在履行教育教学职责时必须享有的权益。教师法第七条明确规定了教师享有的权利。

高校教师的义务是指法律对教师从事教育教学活动的一定行为的约束，它要求教师必须作出一定行为或不得作出一定行为。规定教师义务的目的在于促使教师忠实地履行自己的法定义务。教师法第八条明确规定了教师必须履行的义务。

（二）爱国守法是教师职业的基本要求

1. 热爱祖国，全面贯彻教育方针

热爱祖国是一种最深厚的情感，是对祖国在历史和现实中所起的进步作用的正确理解，是力图使祖国更富强、更强大，为世界和平与人类进步作出更大贡献的一种坚定的志向与行动。对高校教师来说，热爱祖国就要求高校教师全面贯彻教育方针，为建设中国特色社会主义培养出更多、更优秀的合格建设者和可靠的接班人，为实现中华民族伟大复兴的中国梦贡献自己的力量。

（1）爱国主义师德要求

高校教师是肩负特殊使命的一个职业群体。这个特殊的职业使命要求每一位教师必须深切地理解爱国主义的深刻内涵，培养自己高尚的爱国主义情操。具体地说，这种情操主要表现为以下几个方面的内容。

第一，热爱祖国的大好河山。祖国的大好河山是我们世代生息、繁衍的地方，我们在这里出生，在这里成长。爱国主义者首先就要爱养育他的土地，牢固树立“保我国土”、“爱我家乡”和维护祖国领土的完整和统一的爱国理念，承担起保卫国家和领土安全的神圣使命。近几十年来，环境破坏已经成为一个全世界共同面临的问题，近几年来更是成为人们屡屡关注的焦点。为了保护我们赖以生存的家园，在国家的经济建设过程中，我们应该以科学发展观为指导，协调人与自然和谐发展。经济的发展要兼顾环境效益，转变粗放的经济发展模式，提高资源的利用效率。另外，我们要倍加珍惜祖国的山川河流、田野矿藏，更好地保护这片国土，避免乱砍滥伐，积极施行退耕还林政策。

第二，热爱自己的骨肉同胞。人是一个国家发展的主体，也是社会

发展的主要推动力。我国幅员辽阔、物产丰富，在富饶的中华大地上繁衍生息着亿万勤劳、勇敢、善良的中华儿女。在几千年的历史进程中，一代又一代炎黄子孙的辛勤努力缔造了辉煌灿烂的中华文明。国家与人民始终联系在一起，热爱祖国和热爱人民从来就没有分开过，从根本上来说热爱祖国就是热爱那些创造了悠久历史和灿烂文明的各族人民，因此我们说，爱国必爱民，爱民定爱国。可以说，对人民的感情有多深，决定着个人在社会中的价值取向和行为模式，它与个人思想道德素质的养成有着紧密的联系。

第三，热爱自己的国家。无论在什么时代、什么社会制度之下，只要有国家存在，国家就是维护共同秩序和社会稳定的主要社会机器。在战乱的年代，国家保护国民的人身安危；在和平年代，国家维护社会稳定，促进经济发展，提高人民的生活水平。可以说，没有国家就没有稳定的生活、没有安全的生活环境。国家的兴旺发达是人、家庭、社会得以兴旺发达的最根本原因。如果国家的发展举步维艰，那么生活在国境内的所有国民都难以获得幸福和快乐。在强大的国家中，国民安居乐业、幸福健康；在衰败危亡的国家中，国民贫困潦倒，流离失所。我们应该认识到这一点，提高自己的思想觉悟，热爱自己的国家。

第四，热爱祖国的灿烂文化。祖国的灿烂文化使祖国的山河具有深厚的人文底蕴，是中国和中华民族的“胎记”，是中华民族得以延续的“精神基因”，是培育民族心理、民族性格和民族精神的“摇篮”，是结成民族凝聚力的土壤。热爱祖国的优秀文化，也是爱国主义的基本要求。无论一个人走多远，无论人们之间多么地彼此隔绝，对祖国灿烂文化和历史传统的认同都会把人们的心连在一起。

（2）全面贯彻教育方针

教育方针是党和国家在一定时期内根据当前的教育环境以及特点制定的针对教育活动的总方向，详细阐述了教育的根本性质和发展目的以及实现这一目的的根本路径。新时代背景下我国教育工作的目标是培养德、智、体等方面全面发展的社会主义事业的建设者和接班人。个体的德、智、体等方面是针对人的基本素质论述的，这几个方面相互联系，是个体成为完整的人的必备素质。也就是说，要使受教育者在政治方向、思想观点、道德品质、行为习惯等方面达到基本的要求，掌握现代科学文化的基本知识和技能，具有良好的身心素质和健康的体魄。这样，所培养的人才能肩负起社会主义事业建设者和接班人的历史重任，我们的教育也才能真正为社会主义现代化建设服务。

高校教师的辛勤劳动是培养社会主义建设人才的必备条件。只有当高校教师能够深刻认识到自己的辛苦付出对于培养祖国未来建设者——大学生，对于社会主义现代化建设的重要意义，才能深刻体会到作为一名人民教师的无限光荣感和荣誉感，才能更加热爱本职工作。同样，在这种热爱本职工作的强烈情感的影响下，面对教育工作中的任何困难险阻，教师都会迸发出无限激情和克服困难的勇气，认真负责地做好本职工作。所以说，高校教师必须在教育教学工作中培养热爱本职工作的深厚感情，真正热爱学生，才能成为一名合格的高校教师，也才能获得事业上的成功。

2. 遵章守纪，依法履行高校教师职责

国有国法，家有家规；没有规矩，不成方圆。法是国家制定和社会形成的人们必须遵守的行为规范，是国家和社会正常、有序运转极其重要的保障。守法是指任何组织和个人都必须按照现行法律的规定和要求依法办事。从高校教师的角度来说，守法不仅仅是法律层面的要求，也是高校教师职业道德的基本要求。高校教师在模范遵守国家法律法规的同时，还要认真遵守教育法律法规。教育法律法规不仅规范和保护着教育事业的发展，对于维护高校教师、学生的权益，制约高校教师的教育教学行为也有直接的作用。高校教师不仅要能用法律维护大学生和自身的利益，还要依照这些法律来规范自己的行为，履行高校教师义务，使自己的教育教学活动完全符合法治化的要求，即做到依法执教。具体来说，要从以下几个方面做起。

第一，要正确认识和处理教育法律法规与教育规律的关系。强调依法执教，并不意味着教育规律变得无关轻重。科学的教育法律法规不仅体现国家意志，还有教育学上的依据，符合教育的客观实际。正因为这样，教育规律在教育法律法规中总是被体现的，强调依法执教将会更加有利于教育按照自身的规律不断发展。但是，教育法律法规对教育规律的反映和体现是抽象和有限的，如果用教育法律法规完全代替教育规律，就无法解决好教育过程中的许多实际问题，因此高校教师必须在法律的框架内，充分运用教育规律，创造性地开展各项教育活动，使依法执教落到实处。

第二，提升境界，模范遵守国家法律。高校教师能否在教育教学活动中做到依法执教，取决于高校教师法律意识的强弱和守法境界的高低。因此，提高高校教师的法治观念和守法境界，是依法执教的基础性、先导性工作。守法是要求公民的行为不逾越法律的边界。而公民的这种守法又表现为强制守法、自觉守法、将守法视为自身的道德责任等不同层次。强制守法是出于对法律威严的恐惧而不得不作出的行为，这很难使守法行为长期保持下去。自觉守法是指由于理性上认识到守法的必要性而对法律的自觉遵从。将守法视为自身的道德责任，就将守法由从外在的必须转变成内在的自觉。在这一境况下，公民对法律的遵守就获得了可靠的保障。所以，作为高校教师，应该努力提升自身的守法境界。自觉加强法治学习，把学习掌握同教育相关的法律法规知识与专业知识同等重视，深入学习《中华人民共和国宪法》《中华人民共和国未成年人保护法》《中华人民共和国预防未成年人犯罪法》《中华人民共和国义务教育法》《中华人民共和国高等教育法》《中华人民共和国教师法》和《中华人民共和国教育法》等法律法规，完整准确地理解其精神实质，树立全面依法执教的观念。

第三，要在实践中自觉坚持和维护教育法律法规。高校教师是人类文明的传播者，是我国社会主义现代化建设人才的培育者。高校教师的劳动具有高度的示范性和感染性，大学生处处模仿老师，高校教师对大学生的影响是潜移默化的。在我国加快建设社会主义法治国家和推进全面依法治国的进程中，高校教师更要率先垂范、身先士卒，在教育教学实践中模范遵守宪法，自觉坚持和维护教育法律法规，成为学生遵纪守法的模范，为维护法律权威、建设法治国家、培养中国特色社会主义建设者和可靠接班人贡献自己的力量。

（三）爱国守法的要求

1. 认真学习有关法律法规，自觉做到依法执教

近年来，我国颁布了许多教育方面的法律法规，其中，《中华人民共和国教师法》对教师的权利和义务等进行了明确规定，高校教师必须认真学习和贯彻这些法律法规，真正做到依法执教。

2. 做爱国守法的模范

教师具有神圣的使命，是社会主义合格建设者的培育者，这一神圣的使命要求高校教师要具有强烈的爱国主义情感，要做爱国守法的模范。只有这样，高校教师才能用自己的言行去熏陶、感染和教育学生。

3. 将爱国守法融入教育活动中

第一，在教育教学过程中渗透爱国主义教育，培养学生的爱国情感。在日常教学过程中，高校教师应通过主题教育和社会实践等形式对学生进行民族自豪感和责任感的教育，让学生明白，爱国是每一个公民的责任。

第二，高校教师在日常教育教学中，通过各种方式教育学生爱国守法，使学生知法懂法，并且学会用法，培养和增强其法律意识，形成良好的守法、用法习惯，自觉树立法律权威。

二、爱岗敬业

（一）爱岗敬业的内涵

爱岗敬业是爱岗与敬业的总称。

1. 爱岗

爱岗是教师热爱自己的工作岗位，安心从事本职工作，有强烈的使命感和责任感，并能稳定、持久、恪尽职守地做好教育教学工作。

2. 敬业

敬业是指教师认识到了自己本职工作的道德价值和社会意义，具有从事本职工作的荣誉感和自豪感，从而专心致志、兢兢业业地从事教育教学工作。

爱岗与敬业之间有着密切的关系。爱岗是敬业的基础，敬业是爱岗的升华。爱岗与敬业互为前提，相辅相成。爱岗敬业是教师职业道德规范的重要内容之一，是处理教师个体与教育职业之间关系的准则。

（二）爱岗敬业的重要性

1. 爱岗敬业是当今世界各国对教育者的普遍伦理要求

爱岗敬业是当今世界各国对教育者的普遍伦理要求，也是我国社会对广大高校教师职业道德的基本要求。在日本，学生心目中“理想教师”的条件有 13 项，其首项条件就是“热爱教育”，而其他条件则大多是由此派生出来的。美国教育工作者的职业誓言《教育者誓词》是这样说的：“我在此宣誓，我将把我的一生贡献给教育事业。”同时，美国还制定了 26 条“优秀教师行为守则”。这些守则内容具体，有较强的操作性。细细加以分析可知，这 26 条守则实际都是教师献身教育、爱岗敬业精神在教育工作中的具体体现。加拿大则从以下七个方面对教师的爱岗敬业精神提出了具体要求：教学工作的计划和准备、师生关系、班级的组织管理、教学和教育方法、教师自身的专业提高、为学校服务和贡献以及学科内容的丰富化。可见，爱岗敬业已成为世界各国对教师职业道德的基本要求。

2. 爱岗敬业是高校教师生命价值的体现

教育事业的成功不仅需要教师具备专业的素质，更需要教师赋予生命激情和热情。在教育实践工作中，教师不仅要合理地处理个人与事业、个人利益与国家利益的关系，更重要的是教师要明确个人发展的方向。教师在“爱岗敬业”的实践过程中，一方面把“爱岗敬业”的道德规范转化为个人的道德理想；另一方面，在这一道德价值观的支配下，教师的思想境界得到了升华，能够把全心全意为人民服务作为自己的人生价值，并且体会到这种人生价值带给个人的生命活力和人生幸福。

3. 爱岗敬业是高校教师在岗位上有所作为的基本保障

高校教师在岗位上能否完成教育任务，能否取得工作成就，以及取得成就的大小，取决于诸多因素，例如工作条件、工作环境（包括社会舆论的支持和工作气氛）、家长和社会的支持与配合、自己的学识修养等。而教师能否做到爱岗敬业是决定其工作绩效的主要因素之一。更明确地说，只有爱岗敬业的教师，才能够在工作岗位上有所作为。这是因为对爱岗敬业的不懈追求能够为教师正确处理和解决教育过程中的诸多矛盾打下一个良好的基础或提供必要支持。爱岗敬业是教师对各种规范、要求的自觉认同和内化，是自觉承诺履行社会责任和社会义务的表现。教师只有爱岗敬业，才能积极面对自身的社会责任和社会义务，接受教师规范，并以此指导自己的思想和行为。爱岗敬业精神也可以影响社会各方对教师的敬重和支持，使之为教师创造更好的工作条件、工作环境，理解教师的劳动价值，支持和配合教师的工作……这一切，无疑将有助于教师提高工作效率，巩固并不断发展教育成果。所以说，爱岗敬业是高校教师在岗位上有所作为的基本保障。

（三）爱岗敬业的要求

1. 精业勤业，努力探索教育规律

教育工作是一件极费心血的工作，没有教育者全身心的投入，没有高度责任感和工作韧性，是难以取得成效的。从这个意义上说，高校教师需要一种对工作高度负责的事业心和成就事业的进取心，需要一种特别能吃苦、特别能战斗的勤勉精神。高校教师不仅要兢兢业业地耕耘，更要潜心探求教育规律和教育对象的身心发展规律，力争使自己所从事的教育工作成为顺应时代、符合教育规律的活动。新时代背景下，国内外环境的影响以及学生自身特点的变化，带动了整个教育教学体系的变革，包括课堂教学方式、学生学习方式以及学校日常管理模式等。面对教育界的大变革，要想切实推动教育教学实践深入发展，高校教师就要不断研究新的教学方法，更新教育理念，摒弃传统教育教学中的陈旧思想，树立现代教学意识，努力探索新时期高等教育规律，着力提高大学生的思想道德素质和科学文化素质。

2. 教书育人，尽职尽责

高校教师的本职工作或基本职责是教书育人，因此，在教育实践活动中教书育人是高校教师应当遵循的基本道德义务。高校教师在实际教学活动中能否自觉完成教书育人的职责，培养出合格人才，是衡量高校教师师德修养高低、优劣的重要标准。在教书育人这一基本职责当中，教书只有工具价值而无目的价值。或者说，教书只是一种手段，是育人的手段，而不是目的；育人是教书的目的之所在。可以这样说，教师

的基本职责就是为国家、社会培养人才，就是育人，教书只是实现这一目的、履行自身职责所不能不选的手段。教师的爱岗敬业，实际上是对教书育人职责的肯定和认可，因此，高校教师只有从教书育人的要求出发，在教育实践活动中做到科学教授学生，培养学生的思想品德，促进学生全面、健康发展，才能充分体现爱岗敬业的精神。

3. 淡泊名利，育人为乐

由于教育工作清贫且艰苦，从业者奉献多而获取少，因此在公私义利关系方面最能检验和体现教师的敬业精神。毫无疑问，那些不求闻达、不慕名利、不谋富贵、甘为人梯、爱岗敬业的教师具有崇高而伟大的敬业精神；相反，那些一事当前、“私”字当头、斤斤计较、只关心个人名利得失、不肯奉献只问索取的人，是没有资格谈论敬业精神的。自古以来，人们就大力倡扬广大教师不忮不求、敬业勤业的精神，鄙视那些利欲熏心却混迹于教师队伍的道貌岸然的“伪君子”。这里着重说明的是，在现代社会中倡导爱岗敬业的师德规范并没有否认教师获取正当、合法的利益，而是要求在遵循国家法律法规的前提下，遵循教师职业操守，通过自己的辛勤劳动获取合法利益。此外，教育事业的成败从根本上来说关系着整个民族的发展，关系着整个国家的切实利益。所以，当教师在面对个人利益与国家利益、集体利益发生冲突的时候，要发扬“淡泊名利”思想，以国家利益和集体利益为重。

（四）爱岗敬业的意义

1. 爱岗敬业精神是高校教师乐教勤业的动力源泉

在爱岗敬业精神的鼓舞下，“乐教”的情感体验和“勤业”的行为表现，会使教师模糊生活与工作的界限，时时处处以教育者的标准严格要求自己；会使教师淡化个人利益的得失，以他人利益、集体利益为重，自觉主动、创造性地担负起教书育人的职责，履行教育义务。所以，培育爱岗敬业的精神既是高校教师职业道德的基础，也是促进高校教师不断进取的动力源泉。

2. 爱岗敬业是保持高校教师队伍稳定的基础

保持教师队伍的稳定是一个系统工程，其中最重要的一环是教师个体的职业道德修养。教师们只有具备爱岗敬业的精神，才能任劳任怨，奉献并忠诚于教育事业，教师队伍的稳定才有了可靠的保障。因此，加强师德建设，培养高校教师的爱岗敬业精神，让高校教师具有职业责任感、义务感、自豪感、荣誉感，才是高校稳定教师队伍的正确选择。

3. 爱岗敬业是社会主义道德要求在高校教师职业上的具体体现

教师是社会主义建设的重要成员，与其他各行各业的从业人员一样，教师也拥有自己的职责和义务。通过履行教学职责，教师为人民服务，为社会承担责任和义务，理应践行爱岗敬业的职业道德规范。社会主义道德要求教师不能玩忽职守，不能好高骛远，不能损害教育事业和社会的整体利益。因此，高校教师对待教育事业的态度，实际上是高校教师对待国家、社会和人民的态度。

三、关爱学生

（一）关爱学生的基本要求

1. 明确学生学习的主体地位，要让学生学会学习

在人类的不断发展过程中，学习在其中发挥了重要的作用。对于大学生来说，享有丰富的学习资源，学习是他们最重要的目的和任务。高校学习与以往的学习环境有着较大的区别，因此大学生要改变以往的学习方式，学会学习。为此，大学生要端正自身的学习态度，明确学习目的，培养积极主动的学习精神，掌握学习的理论、知识、技能，遵守学习规律，选择恰当的学习方法，这样才能达到事半功倍的效果。因此，高校教师在教育教学过程中，要明确大学生学习的主体地位，注重培养学生养成正确的学习方法，这样才能取得更好的教育教学效果。

2. 增加师生交流，培养师生感情

对于师生关系来说，高校教师不仅是大学生学业上的指引者，更是他们学习和生活上的朋友或亲人。自古以来就有“一日为师，终身为父”的说法，这就足以说明师生关系的重要性。良好的师生关系可以提高学生的学习积极性，激发学生的学习欲望。因此，教师在教学的过程中要注重加强与学生的交流，同学生建立起一种亦师亦友的关系，对学生在学习或生活中遇到的问题进行解答或提供帮助。这样就有助于帮助学生端正学习态度，树立正确的学习观，掌握正确的学习方法，提高学习效率。

3. 培养学生的学习兴趣，提高创新能力

在经济高速发展的今天，创新已经成为推动经济乃至国家发展的根本力量之一，而兴趣就是创新的一个重要动力，因此，高校教师在教育教学实践活动中应该正视并培养学生的兴趣，并激发学生的学习兴趣，以此为驱动，培养学生的创新思维和创新意识，提高学生的创新能力，鼓励大学生进行创新，为大学生营造出良好的创新学习氛围。

4. 严慈相济

教育关爱的目的是让学生得到良好的发展，这意味着教师对学生的关爱中要有一定的要求。教师对学生的关爱要体现严慈相济，坚持做到以下几点。

第一，教师要对学生有慈爱之心。教师要把学生培养成为对社会有用的人才，就要对他们倾注无私的爱和真挚的情感。教师对学生慈母般的关爱，是一种崇高而伟大的爱，能强烈地感化学生，使他们感悟人生，走向人生巅峰。

第二，教师对学生的严格要求要有科学标准。教师对学生的关爱是建立在高度责任性和理性基础上的爱。教师的关爱既要体现对学生有种种严格的要求，又不损害学生的生理、心理健康。这就要求高校教师对学生提出的一切要求要符合法律法规，要符合国家的教育方针和政策，要符合教育教学规律。

第三，教师对学生的严格要求要掌握一定的度和方法。要掌握一定的度是指教师对学生提出的各种要求要切合实际，符合学生的特点。教师对学生的严格要求要寓教于教育教学活动之中，采用耐心疏导的方法。只有方法得当，教师对学生的严格要求才能真正得到落实，才能取得良好的教育教学效果。

5. 保护学生的安全

保护学生安全是教师不应回避的责任。教育职业特点决定了教师要承担更大的责任，在面对困难、危险时，教师要冲在前面，不惜牺牲自己也要保护学生的生命安全。这要求高校教师在教育教学活动中，不仅要传授学科知识，还要进行生命安全、生命价值教育，引导学生认识生命、尊重生命、珍惜生命，提升学生对生命意义与境界的认识，促进学生健康成长。

（二）关爱学生的意义

关爱学生是党的教育方针对高校教师的根本要求，是衡量高校教师职业道德水平高低的准绳。

1. 关爱学生体现了社会主义的教育本质

社会主义教育的方针是培养具有德、智、体、美等方面全面发展的社会主义现代化建设者，为振兴民族、强大国家提供强大的人才力量。高校教师在教育教学实践中，只有真正发自内心地去关爱大学生，才能做到尊重学生，和大学生建立亲密的师生关系，也才能以最深厚的职业情感从事自己的教育事业，为培养在品德、智力、体质等方面全面发展的大学生尽职尽责。可见，从根本上来说，国家和人民对高校教师的根本要求就体现在关爱大学生方面。

2. 关爱学生体现了社会主义人道主义精神

作为社会主义的伦理原则和处理人际关系的一种道德规范，社会主义人道主义精神主要表现在尊重人、关心人、爱护人等方面。因此，高校教师关爱学生不仅体现了对学生尊严、人格的尊重，更表现出了高校教师对学生身心的关爱。

3. 关爱学生蕴含着社会主义法律义务

教师关爱学生不仅是教师职业道德规范的重要内容，也是《中华人民共和国教育法》（以下简称教育法）、《中华人民共和国教师法》（以下简称教师法）等教育法律法规对教师的法定要求。如教育法第十四条规定："教师应当热爱社会主义教育事业，努力提高自己的思想、文化、业务水平，爱护学生，忠于职责。"教师法第八条规定："教师要关心、爱护全体学生，尊重学生人格，促进学生在品德、智力、体质等方面全面发展。"这些法律条文说明了教师关爱学生是必须履行的法律义务。

4. 关爱学生有助于学生形成良好的思想品德

教师关爱学生，形成良好的师生关系，有助于学生自尊、自信、自强，形成主人翁意识。一般来说，如果学生每天生活在师生关系民主平等、能够彼此相互尊重和信任的环境中，就会感受到做人的尊严，从而对自己充满信心，乐于参与教学过程，施展自己的才能；就能够成为学习的主人，进而激发起主人翁意识和责任感。这种意识如果经过不断强化，最终就会作为一种思想品德植入学生的精神世界，成为他们未来社会生活的一种准则。所以说，教师关爱学生有助于学生良好思想品德的形成。

5. 关爱学生是构建新型师生关系的基础

在学校人际关系中，师生关系是重要的组成部分，和谐师生关系的营造也是和谐校园建设的重要组成部分。现代教育倡导构建民主、平等、互动、合作型的师生关系，而师爱便是构建新型师生关系的情感基础，是联系师生关系的重要纽带。在师爱的基础上，教师会注意倾听学生的感受，理解学生的想法，宽容学生的错误，而后引领学生的精神发展。

6. 关爱学生是教师施教的感情基础

教与学是以情感交流为载体的教育活动，在教育工作中教师只有对学生抱有真挚的关爱之情，才能引起学生对教师的友爱，产生对教师的尊敬、信任，进而亲近教师。在这样的感情基础上，就会形成有利于学生德、智、体全面发展的良好教育气氛，学生就会乐意听从和接受教师讲的道理，并努力把教师的要求转化为自己的行动。

7. 关爱学生是学生健康成长的需要

学生是有思想、有感情的活生生的人，渴望得到教师的关心、爱护和尊重。在学生的世界中，情感需要占据着重要的地位，教师要实现教书育人的使命，就必须心中有爱。教师对学生的关爱，能够使学生在情感上和心理上获得极大的满足，会使学生感受到温暖，从而有利于他们健康、乐观心态的养成。

四、教书育人

教书育人是指在教育教学过程中教师根据社会发展需要和学生身心发展规律，既传授科学文化知识，又进行思想品德教育，把学生培养成为德、智、体、美等全面发展的社会主义现代化建设需要的接班人。

（一）教书与育人的关系

教书与育人作为知识教学和思想道德教育紧密结合的有机整体，相互联系，不可分割。概括来说，教书与育人的辩证关系主要表现在以下几个方面。

1. 相互促进

处理好教书和育人的关系，可以使其相互促进。一位教书好的教师能把枯燥无味的知识讲解得精彩生动，让学生陶醉在知识的海洋中。教师把道德教育融入此过程，学生在学习知识的过程中能接受教师所传授的道德观念，提升自己的道德品质。同时，教师育好人又能促进教好书的顺利进行，即学生“亲其师”能促使“信其道”，提高学习知识的效率。

2. 相互联系

教书是育人的载体，是前提和基础；育人是教书的灵魂，是指导思想。教书与育人统一于教师的教育教学实践和学生全面发展的过程中。也就是说，教不好书，育人就失去了载体，成为无源之水、无本之木，最终教学会失去其应有的教育意义。

3. 相互渗透

教书与育人可以相互渗透，即“教中有育，育中有教”，这主要表现在以下几个方面。

第一，在育人的过程中渗透着教书，即对学生进行道德教育时要依据教育规律和道德规律来进行。道德目的在一切教学中普遍存在并居于主导地位，因此，教师要认真研究、理解和转化课程，把知识转化为道德化的知识传授给学生，培养学生的道德品质。

第二，在各学科的教学过程中渗透着道德教育。主要表现为：各学科教材内容包含丰富的德育因素，可根据各自的教学任务和特点，结合教材内容渗透德育；在校学生的兴趣和求知欲主要表现在对各门课程的学习上，教师把德育蕴含在学科教学过程中会改变单一道德说教的空洞性和无效性。

（二）教书育人是高校教师的天职

教育是一项追求理想、充满希望的事业，教书育人是高校教师的天职。教书是育人的主要手段，育人是教书的根本宗旨。

1. 教书育人是高校教师职业道德体系的核心

教书育人在高校教师职业道德体系中处于核心地位，高校教师是否热爱自己的本职工作，是否忠诚于党和人民的教育事业，是否爱岗敬业、忠于职守，是否全心全意地投入教育工作，无不在是否教书育人这个基点上反映出来，教书育人是衡量和检验高校教师道德水平高低的基本标志。因此，高校教师只有将教书育人作为自己的根本任务，才能自觉遵守和全面履行各项高校教师职业道德规范。

2. 教书育人是高校教师实现人生价值的途径

人生价值是自我价值和社会价值的统一，是个体在社会生活中通过劳动创造出满足社会和他人需要的活动。自我价值的实现是个体通过劳动满足自我需要，是对自己本身的肯定。社会价值是指个体通过劳动满足他人和社会的需要，来获得他人和社会对自我的肯定。因此，高校教师只有通过尽职尽责地完成教书育人工作才能实现人生价值。一方面，高校教师的教书育人活动是一种谋生的手段，为自己提供了物质需要和精神需要；另一方面，高校教师的教书育人活动为我国社会主义现代化建设培养出许许多多合格的建设者和可靠的接班人，极大地满足了社会发展需要。

（三）教书育人的实施

1. 寓思想教育于各个教学环节之中

教书育人的实施不仅表现在课堂教学活动中，也体现在课堂教育以外的诸环节中，例如辅导答疑、考试考查、批改作业等环节。高校教师如果能够把这些环节利用好，充分渗透思想教育，也能发挥出育人的重要作用。因此，高校教师可以通过学生在这些环节中的表现，更为直观、全面地了解学生对知识的掌握程度、对某一问题的看法和立场以及所蕴含的学生智慧，然后高校教师再通过适宜的方法和手段加以引导，渗透思想教育，从而能更加有效地启迪学生的思想。

2. 以教师的表率作用熏陶感染学生

高校教师在教书育人过程中，发挥着示范模范的作用，高校教师的言行举止都对学生发挥着潜移默化的熏陶作用。因此，高校教师必须不断加强职业道德修养，从自身做起，严于律己，才能完成教育学生的重任。

3. 要正确处理思想教育和学生学习活动的辩证关系

教书与育人，二者是相互联系、相互促进的。无论是自然科学教师还是社会科学教师，都要结合教材特点，加强对大学生的全面教育和培养，自觉地做到教书育人，发挥思想教育对学生学习活动的方向引导作用和内在激励作用。要教好书、育好人，就要正确把握思想教育和知识学习活动相结合的程度、方式，以利于思想教育工作作用的发挥和学生全面发展的需要。

4. 贯彻教学相长原则

在高校教学活动中应贯彻教学相长原则,这里的“教”和“学”不是局限于学校教学和课堂教学,而是包括任意教学情境和教育过程;教和学的双方也不是特指教师和学生,而是泛指高校教学活动中的教育者和受教育者。

(1)统一教与学,实现教育者的教学相长

在高校教学活动中,教育者角色通常情况下是由学校教师、年长一代、为社会发展进步作出突出贡献的先进模范人物以及各种宣传组织机构承担,对大学生进行各种形式的思想教育。教育者通常具有一定的职位、职务、模范事迹或年龄方面的资格和资历。然而,在信息社会,教育者的权威受到挑战。特别是在道德领域、价值观领域,作为教育者本身并不能保证其道德认知和道德实践的合一性、价值观信仰的彻底性。教育者要想在教育活动中得到认可,树立起自己作为教育者的威信,确立并巩固自己作为教育者的主导地位,完成教育任务,实现教育目标,必须将施教于人的活动与自己的学习活动统一起来,实现教育者的教学相长。

贯彻教学相长原则,一方面,教育者要依据教育情境的要求,从受教育者角度去思考教育内容、教育方式和教育手段等;从受教育者的反馈信息中发现自身的不足,通过学习和反思,提高自身理论素养和人格修养。另一方面,学习是无止境的,道德修养更需要穷其一生而时有所悟。追求有意义的生活,是人永恒的生命活动过程。只有坚持内在省察、反观自我之心灵、注重身心合一,将知识的获得和生命的直接体验融为一体,不断地把这种内化的知识运用于生活实践之中,才能够获得身心境界的不断提升。

贯彻教学相长原则,要求教育者具有较强的反思批判精神和能力。教育者富有活力的反思批判精神和能力将激发受教育者积极的思考和反思,从而使整个教学充满变化和挑战、充满惊奇和快乐,使教育者和受教育者都处于向他人开放和求证的状态,都会虚心地倾听他人意见、与他人对话,共同探索彼此的位置和合理身份,既积极地构建他人又积极地构建自身,既助人成长又助己成长。

(2)受指导的学习——受教育者的教学相长

受教育者能否教学相长,首先取决于受教育者的主体地位。受教育者只有在具备一定的主体地位的情况下，才有可能实现教学相长。在平等、合作、和谐、发展的现代师生关系基础上，教育者从教与学的相互作用中深刻理解并激发受教育者进行自我教育，使受教育者在适当的教学指导条件下进行自主学习，实现受教育者的教学相长。其次，取决于受教育者在适当的教学指导条件下的自主学习。受教育者只有把外在的“教”变成内在的“学”，才能实现教学相长。一般意义上，自主学习的内在含义包括：具有内在的学习动机——想学；具有主体自我意识的发展，认识学习主题对自己的意义——能学；具有主动选择和运用学习资源的能力，掌握一定的学习策略——会学。

五、为人师表

（一）为人师表的要求

1. 团结合作

在现代教学中，高校教师要特别注意以团结协作的精神来对待教学，这是教育目的统一性的要求，也是教育发展规律的需要。不同科目、不同年级的教师之间，不同年龄、具有不同特长的教师之间，都要一切从学生的利益出发，团结一致，通力合作，互相学习，取长补短，勇于创新，共同提高。教师能否自觉为加强教师集体的团结而努力，是衡量教师道德水平高低的一个重要标志。在团结协作的过程中，高校教师之间要互相尊重，互相学习，共同进取。

2. 作风正派

在教育领域，作风正派是教师道德的应有之义，历来为立志于献身教育事业者所践行。教师职业要求教师要十分珍视自己在学生心目中的形象，十分珍视自己在社会上的形象。作风正派既是教师职业的要求，又是形成良好社会风气的需要。为此，高校教师要做到以下两个方面。

第一，必须坚守高尚情操，抵制不良社会风气的影响。任何的贪、馋、占、懒、散都是对教师形象的玷污，任何利用职责之便谋取个人私利的行为，都是对教师职业神圣性的亵渎。

第二，必须发挥奉献精神。教师工作是一项艰苦繁重的工作，需要教师辛勤付出，发扬无私的奉献精神。然而，教师又有自己的切身利益，需要从社会中索取。因此，正确认识和处理贡献与索取的关系，有助于克服斤斤计较个人得失的倾向，更好地发挥主动性和积极性，为社会主义教育事业作出更大的贡献，最大限度地实现自己的人生价值。

3. 知荣明耻

知荣明耻是良心中的知耻心、自尊心、自爱心的表现。人们只有知荣明耻，才能自觉地履行道德义务，保持尊严、荣誉和人格，不做可耻、毁誉和损害人格的事。因此，作为新时代的高校教师必须知荣明耻。

4. 语言文明

教学过程是一个信息传递的过程，在这一过程中，教师的语言是传递信息的载体，教师语言素养的优劣以及口语表达的能力对教学效果具有重要影响。这就要求每位高校教师必须加强自身的语言修养，提高自己的教学语言表达能力。为此，高校教师应该做到以下几个方面。

（1）语言要准确

教师所使用的语言一定要准确，要能够清楚地表达自己的教学内容。教师语言的准确性，直接关系到教育教学的思想性和科学性。因此，每位高校教师都要使自己的语言具有准确性，这是对教师教学语言的最基本要求。

（2）语言要规范

教师语言规范反映在以下两个层次上。

第一，教师的语言必须是普通话。

第二，教师在授课时要用专业术语。专业术语是一定学科范围的共同用语，运用它进行教学，有利于交流。

（3）语言要精练

教师的语言一定要精练，要用最简洁的语言表达出最丰富的内容，让学生能够从简洁的语言中学到更多的知识，并能够在简洁的语言中抓住重点，突破难点。

（4）语言要纯洁

教书育人是教师的重要职责，这一职责要求教师的语言一定要纯洁。教师不可以用刻薄的语言去挖苦和训斥学生，这样不仅使自身的形象受到损害，还会影响学生的身心健康发展。另外，教师切忌讲假话、大话和空话。

（5）语言要生动

语言生动主要表现在以下两个方面。

第一，语言要抑扬顿挫，具有美感和节奏感，让人听起来非常舒服，这样不仅能够吸引学生的注意力，还能使学生处于最佳的听课状态，能够大大提升教学效果。

第二，教师必须借助于比喻、成语、谚语、歇后语、典故等形象的事例讲解说明，达到如临其境、如见其人、如闻其声的语境，唤起学生丰富的联想，引导学生掌握更多的知识。要做到语言生动，教师必须具备渊博的知识和丰富的词汇。

5. 严于律己

教师要严于律己，以身作则，这是由教师职业的示范性决定的。教师的职责在于教书育人，既要用自己的学识教人，又要用自己的品格育人。正人先正己，这要求教师在思想品德、学识才能、言语习惯、生活方式和举止风度等方面树立自己的良好形象，处处做学生的表率，借此教育和感化学生。

6. 仪表端庄

良好的仪表能够得到学生的认同，获得学生的好感，而邋遢的仪表则会引起学生的反感，对教学效果也具有负面的影响。概括来说，高校教师的仪表要注意以下几个方面。

（1）衣着整洁美观

第一，教师的衣着要整洁得体，朴实大方。衣、裤、裙、鞋、帽、领带、围巾等要搭配合理、色彩和谐、整体协调。

第二，教师的衣着要素雅美观，不能穿奇装异服。教师是知识和素养的化身，是学生学习的榜样。如果教师穿着奇装异服去上课，那么，学生的注意力便会被分散到关注教师的衣服上，并且会对教师评头论足，对教学效果产生负面作用。因此，高校教师的衣着一定要美观大方、简洁素雅。

（2）仪容自然大方

仪容在社会交流中可以表现一个人的文化档次和意识修养。

第一，教师要注意视觉形象的塑造。教师出现在学生面前时应该整洁大方，神采奕奕，男教师不应蓄长发和留胡须，女教师不应留长长的指甲，也不应该浓妆艳抹。

第二，教师要注意味觉的形象塑造。一个教师如果满嘴烟味、酒味、葱味和蒜味走近学生，势必引起学生的反感，从而影响和学生的正常交流，对教学效果产生不利影响。

（3）举止文明得体

教师是学生学习的榜样，所以举止一定要文明得体，要正派和端庄。只有这样，教师才能为学生树立良好的榜样，才能受到学生的欢迎；反之，则会使学生产生厌恶情绪，甚至会对学生的行为起不良的诱导作用。所以，高校教师在教育教学工作中，一定要认真检查自己的言行举止，使自身的言表风纪、行为举止符合教师道德规范的要求。

7. 关心集体

教师事业是一项集体事业，将青少年培养成社会主义合格的建设者和接班人需要全体教师的共同努力。因此，关心集体、维护集体的荣誉就成为全体教师职业道德的重要内容。要做到这一点需要做到以下两个方面。

第一，要以自觉的态度对待学校中的各项工作，为学校的荣誉增光添彩。

第二，要积极倡导良好的校风，培育学校的精神。良好的校风是对优良传统的继承和发扬，是全校师生精神面貌的反映，是学校群体形象的体现。每所学校的历史、传统各不相同，学校精神也各有特点，但求真、务实、团结、开拓、进取等都是题中应有之义，培育学校精神需要一代又一代师生的共同努力。

（二）为人师表的教育性功能

古今中外很多优秀教育家都把为人师表作为教师职业道德的基本体现，要求教师以自己的模范品行来教育和影响学生。这一点充分体现出了为人师表具有教育性功能。

1. 为人师表对教师的激励功能

一方面，教师做到为人师表，能够有效地树立在学生中的威信，进一步促进教师的教育教学工作。教师教育效果的好坏和教师的威信有着直接的联系，教师威信越高，其教育效果越好。教师的德和才决定着教师在学生心目中的威信。因此，要树立教师威信，教师必然要为人师表。另一方面，为人师表使教师在教育教学工作中必须具备诚实正直、公正廉洁、谦虚严谨的高尚品德，从而帮助教师正确协调各方面的利益关系，保证教育教学工作的顺利进行，为高质量地完成教育任务创造良好的条件，这进一步激励教师更好地为人师表。

2. 为人师表对学生的教育功能

高校教师为人师表发挥着模范表率作用，对大学生成长有着重要意义。一方面，高校教师为人师表对大学生智力具有促进作用。作为教师，注重为人师表，就会在业务方面不断勤奋钻研，不断改进教学方法，这样就会进一步启发和指导学生，促进学生有效学习。同样，在教学实践中，对于那些知识渊博、治学严谨的教师，学生由衷地感到敬佩和尊重，也就更容易接受这些教师的教诲，从而促进学生智力的发展。另一方面，高校教师为人师表能够引导学生品德的发展。孔子主张“其身正，不令而行；其身不正，虽令不从”。在教育教学实践活动中，教师具备高尚道德能切实提高学生的道德认识，从而升华学生的道德意识；教师践行高尚的道德行为，能够发挥表率作用，引导学生践行良好的道德行为；教师具备坚毅的道德意志，能够促进学生锻炼自己的道德意志，发挥出巨大的鼓舞作用。可以说，教师是学生道德的启蒙者和设计者。

3. 为人师表对社会风气具有改善功能

教师的表率示范可以间接通过学生影响到学生家长、亲戚及其好友，也可直接影响到社会与之发生联系的各行各业人员，从而影响到社会环境，净化社会风气。

六、服务社会

(一)服务社会是高校教师的道德责任

服务社会是高校教师的重要使命之一,高校教师不仅要具备良好的职业道德,认真“传道、授业、解惑”,而且要积极参与各种社会服务工作,勇担相应社会责任,为国家的富强、民族的振兴和全人类的进步服务。服务社会是现代大学的基本职能之一,关注民生,服务大众,积极参与社会实践,自觉承担社会义务,主动提供专业服务,是高校教师应承担的道德责任。

1. 国家富强的责任

在知识经济时代,对人才的衡量标准不仅要看其智力与能力,更要看其道德表现。“德”的标准是很宽泛的,但真正配称为“人才”的,必须遵守国家法律,履行基本的社会道德。一个人道德品质不好,与社会格格不入,他的智商与能力再高,也很难对社会作出贡献。21世纪的高校教师受国家和社会的哺育,就要肩负起报效国家、感恩社会的道德使命,就应尽服务国家、民族和人民的社会责任。相信我们的高校教师一定能担负起振兴祖国科技事业的历史重任,努力使我国早日实现中华民族伟大复兴的中国梦。

2. 民族振兴的责任

“百年大计,教育为本。”当今各国的竞争归根结底是教育的竞争和人才的竞争。教育决定一个国家和民族的未来,是一个民族崛起的最重要、最根本的事业。实现社会主义现代化具有决定意义的一条就是要把经济建设转到依靠科技进步和提高人才素质的轨道上来。教育是民族振兴和国家富强的基石,要真正把教育摆在优先发展的战略地位。《中国教育改革与发展纲要》中指出:“振兴民族的希望在教育,振兴教育的希望在教师。”因此,民族振兴是大学教师责任之所在。

当今时代,大学教师正在成为时代发展浪潮上最耀眼的教书育人的起舞者和领舞者。大学教师推动着改革日益深入发展,反过来改革也推动着大学教师素质不断提升,二者在相互激荡中完成了各自螺旋式的上升。可以说,在国家富强、民族复兴、人民幸福的强国之路上,大学教师是先进生产力的开拓者,是先进文化的创造者,更是社会主义精神文明的建设者。在物质和精神两个维度上,教师包括大学教师已成为奠基中国现代化大业、铸就人力资源强国的坚厚基石。

3. 促进人类进步的责任

教师是人类灵魂的工程师。高校教师的教育过程不仅仅是教书的过程,更是育人的过程,是促进人类自身不断完善和发展进步的过程。

教书育人是教师的本职工作。高校教师不仅要教会大学生如何学习科学文化知识,还要教会大学生如何做人,如何做一个对社会有用的人,即塑造学生的“灵魂”。

高校教师通过自己的辛勤劳动,培养学生健全的人格,进而提升人类文明的程度。他们引导学生进行理智的怀疑和批判,学会自主和独立;引导学生崇尚知识、美感、自由和德行,更好地活出作为人的价值和尊严。高校教师向学生传播进取心、服务精神、献身精神,以使社会组织协调有序,人与自然的关系和谐。

此外,高校教师的职业良心使他们自愿担当起守望人类精神家园的重任。他们不盲目趋附潮流,而是淡泊名利、维护正义。这在促进人类进步方面具有不可替代的重要作用。

（二）高校教师服务社会的主要内容

1. 传播文化,普及知识

（1）传播文化

传播文化主要是指高校教师要积极传播优秀文化,着力弘扬中华文化。高校教师具有较高的知识才华和智慧能力,是社会上文化层次较高的一个群体,向广大人民群众传播优秀文化尤其是大力弘扬优秀的中华文化,无疑是高校教师的重要职责与使命。高校教师大力弘扬中华文化,要自觉遵循“六项主张”。

第一,主张弘扬中华文化要面向现代化,面向世界,面向未来。

第二,主张文化自觉,主张民族文化意识,主张传统文化理念的普及。

第三，主张和谐文化。

第四，主张以人为本，注重人文价值。

第五，主张改善文化风气。

第六，主张我国民间组织的存在和发展，及其所具有的社会性、公益性、文化良知与志愿精神，这是构建和谐社会、建设中国特色社会主义文化强国的重要力量。

（2）普及知识

要努力普及科学知识，积极弘扬科学精神。科学知识是人类在改造世界的实践中所获得的认识和经验的总和，它包括经验知识和理论知识。人类已进入知识经济的时代。知识经济直接依赖于知识和信息的生产传播和使用，以高技术产业为第一产业支柱，以智力资源为首要依托，是可持续发展的经济。按照经济合作与发展组织的说法，知识经济就是以现代科学技术为核心，建立在知识和信息的生产、存储、使用和消费之上的经济。今天，面向广大人民群众，努力普及科学知识，尤其要广泛弘扬体现在科学知识中的科学精神，是高校教师义不容辞的重要职责之一。科学精神主要是指由科学性质所决定并贯穿于科学活动之中的基本的精神状态和思维方式，是体现在科学知识中的思想或理念。科学精神是人类文明中最宝贵的精神财富，集中体现为追求真理、崇尚创新、尊重实践、弘扬理性。科学精神的本质特征是倡导追求真理，鼓励创新，崇尚理性质疑，恪守严谨缜密的方法，坚持平等自由探索的原则，强调科学技术要服务于国家民族和全人类的福祉。高校教师要面向大众，大力弘扬科学精神，以更好地服务社会、服务人民。

2. 热心公益，服务大众

（1）热心公益

高校教师要积极参加公益活动，大力弘扬公益精神。公益是指有关社会公众的福祉和利益。公益活动是指一定的组织或个人向社会捐赠财物、时间、精力和知识等活动。公益活动的内容包括社区服务、环境保护、知识传播、公共福利、帮助他人、社会援助、社会治安、紧急援助、青年服务、慈善、社团活动、专业服务、文化艺术活动、国际合作等。公益精神就是愿意为改善“公域”部分而奉献努力的精神。公益精神是公益主体基于一定的关怀和利他意识而面向特定社会群体或人类发展共同关注问题的行为的一种心理态度、价值观念和人格品质。高校教师要走出象牙塔，积极参加社会公益活动，尤其要发挥自己的优势，大力弘扬公益精神，从而能够更好地履行服务社会的职能。

（2）服务大众

高校教师还要主动深入社会基层，真心服务人民群众。基层是指各种组织中最低的一层，跟群众的联系最直接。如工厂、商店、学校、机关、街道、合作社、农场、乡、镇、村、人民解放军连队和其他基层单位。高校教师要广泛深入社会基层，切实密切联系群众，只有了解群众、理解群众，才能帮助群众、服务群众。

3. 参与社会实践，承担义务

（1）参与社会实践

高校教师要坚持理论联系实际，主动参与社会实践。理论联系实际是马克思历史唯物主义最基本的原则之一，其基本精神是达到主观和客观、理论和实践、知和行的具体的历史的统一。高校教师作为理论工作者，必须坚持理论联系实际的基本原则，而要做到理论联系实际，就要亲身参加社会实践。高校教师要走出校门、深入基层、深入群众、深入实际，开展教学实践、专业实习、社会调查、生产劳动、志愿服务、公益活动、科技发明等社会实践。高校教师只有坚持理论联系实际，主动参与社会实践，才能促进科学知识的发展，才能更好地服务社会、服务群众。

（2）承担义务

高校教师要积极提供专业服务，自觉承担相应义务。高校教师一般都有自己的专业，是一群高素质的人士，其积极运用自己的知识和能力，为广大群众提供专业服务，是服务社会、服务人民的基本内容和途径。自觉承担义务是高校教师服务社会的重要内容和应尽责任。高校教师作为先进知识分子群体，应该自觉履行社会主义法律义务和道德义务，在自觉承担相应义务、为人民群众提供专业服务中升华自己的人格和情操。

第三章 高校教师职业道德的培养

作为知识的主要传授者，教师通过与学生之间的互动、交流，其一言一行将直接影响学生的思想。因此，做好高校教师职业道德的培养工作已经成为新时代师资建设的重要工作之一。

第一节 培养高校教师的职业道德品质

一、教师职业道德品质的内涵

教师的职业道德品质是指教师在自己的职业活动领域,通过一系列的道德行为所表现出来的比较稳定的、一贯的特征和倾向。它是一定社会的教师道德原则和规范在教师个人行为中的体现,反映着教师的道德觉悟水平、道德境界和道德修养状况。高校教师的道德品质如何,不仅对高校教师的一生具有重要意义,对其所从事的教育教学工作更有着不可低估的影响。高校教师的职业道德品质是在社会的道德需要和熏陶下逐步形成的。

二、培养高校教师职业道德品质的基本任务

(一)形成正确的职业道德认识

道德认识是产生道德情感的起点和基础,磨炼道德意志的动力,评价道德行为的准绳。具体而言,它是指人们对道德价值、规范和原则的理解和掌握,是对“应当如何”的认知,包括道德概念、道德观点的形成和道德判断能力的提高。人们只有对某一道德原则和规范有较为明确的认识,充分信任其合理性,才能较自觉地在实践中采取行动。而教师职业道德认识是教师在教育教学实践、社会实践中对其职业道德价值、规范、原则及其意义的认识,具体包括对教师职业社会道德价值的认识,教师职业道德概念、道德观点的形成,职业道德判断力的提高。

教师职业只占社会众职业的一个微小份额,平凡而普通,但教育事业又担负着培养社会未来建设者、接班人的使命,伟大而神圣。作为教师大军中的普通一员,高校教师应树立“在平凡岗位上做不平凡事业”

的理念。此外，就高校自身特点而言，它是人才培养基地，也是学术研究、高科技研发的重要场所，这赋予大学教师三种缺一不可的独特身份：教学者、学者、服务者。作为教学者，高校教师应认识到教学始终是主业，不应只顾第二职业而忽视知识传播者的身份。而学生衡量一名合格教师的首要标准正是其教学业务水平，所以，高校教师如不能认识本职业的教育性和专业性，其职业道德认识是不完备的。作为学者，高校教师应意识到科研是科学、教学发展的要求，是社会赋予他们的又一使命。作为服务者，高校教师应意识到自身和高校的生存依赖于社会和政府的支持，他们有义务以科技成果转化、人才培训、学术报告、政策论证以及政策咨询等服务形式来回报社会。因而，高校教师应明确自身职业道德认识，既认识到教师职业的平凡性、伟大性，又领悟到高校教师职业独特的教育性、专业性和服务性。高校教师只醉心于充当“教书匠”的角色，没有能力承担科研、成果转化等责任，或埋头于学术研究，对学生不闻不问，或痴迷于社会服务所带来的财运，置学校事务于不顾等，都是职业道德认识不到位的表现。

（二）陶冶职业道德情感

教师的职业道德情感是教师在道德情感实践活动中与教师的道德需要相联系的情感体验。教师对师德要求有了认识，但并不一定能够真心实意地按照要求履行其应尽的道德义务，这里有一个情感问题。在从事教育活动的过程中，没有道德情感的教师即使凭“理智”去做了教师工作，也是显得很被动、很勉强，甚至会对教学中好的、应该做的热爱不起来，对认识到错误的、不应该做的恨不起来。教师对自身工作意义的认识、对教师工作价值的评价、对教学工作的态度、对学生的态度，都会同他自身的道德情感息息相关。而且，由于大学生的可塑性极强，教师的职业道德情感必然在学生身上有所反映，并引起道德情感上的连锁传递。因此，高校教师培养、陶冶爱憎分明的道德情感就显得十分重要。高尚的道德情感对教师的行为有巨大的推动、控制和调节作用，是一种自我监督的力量，它可以使教师保持良好的行为，并避免行为过失。

由于道德情感容易受主观因素的影响产生波动，而不像道德认识那样，理解就能及时产生效果，因此，高校教师道德情感的陶冶需要花费更多的时间，付出更大的努力。不但要依靠教师的理性认知，更要依靠教师在职业生涯中的长期磨炼和培养。

（三）磨炼职业道德意志

教师职业道德意志是教师的意志过程在职业品德上的反映。教师在履行职业道德所规定的各种义务时，并不是一帆风顺的，会遇到各种各样的困难或阻力，这些困难或阻力既有来自客观上的，如社会上错误舆论的导向、不正确的传统观念、家人的误解、学生及家长的责难等；也有来自主观上的，如面对社会上纷繁的诱惑，在个人利害得失上，在个人需要与工作需要发生矛盾时，出现个人欲念的冲突，导致心理失衡、干扰教育行为，等等。一旦出现这种情况，如果没有坚毅顽强的道德意志，就可能在教师的道德行为上出现偏差。

教师职业道德意志的作用主要表现在两个方面。第一，使教师能够作出正确的价值判断，用理智战胜欲望，防止错误行为的发生。第二，使教师有勇气和决心排除来自主客观方面的干扰和障碍，持之以恒。因此，培养、磨炼教师的道德意志是至关重要的。

（四）加强自我修养

马克思主义伦理学认为，道德是人类精神的自律，“一个人要求进步，就必须下苦功夫，郑重其事地去进行自我修养”。为此，要想成为一个道德高尚的人，就要不断反思自我，加强自我修养。在中国传统伦理思想中有丰富的关于道德修养的思想资料，其中有许多值得高校教师吸收和借鉴，运用其所倡导的内省方法不断地解剖自己、审视自己，进行自我修养。孔子所说的“吾日三省吾身”“见贤思齐，见不贤而内自省”，孟子主张的“存心说”“寡欲说”“勿忘勿助”的道德修养理论和方法，朱熹所主张的“省察克治之功”的道德修养论，王阳明所提倡的勇于解剖自己、审视自己、严于律己、“除恶务尽”的自我修养论以及道德修养中的“慎独”方法和境界，都是中华民族关于道德修养的优秀道德传统，也是当代高校教师职业道德修养应该继承和汲取的宝贵道德文化遗产和思想资料。高校教师应该在年终考评、民主生活会上认真总结自己的师德情况，进行自我剖析、自我评价、自我反思，要敢于“刺刀见红”，敢于“揭伤疤”，更应该在日常工作中时时反思，日日修养，发现问题立即改正。高校教师只有通过坚持不懈的自我修养，才能时时保持自己履行职业道德的自觉与警觉，才能把外在的师德规范变成内在的道德自律，变成自觉的行为准则，从而使教师的职业道德人格不断得到完善，使教师的职业道德素质得到不断提高。

（五）养成良好的职业道德行为

在职业道德修养目标中，如果说职业道德认识是先导，职业道德情感是动力，职业道德意志是保证，那么职业道德行为则是归宿和外部表现。职业道德行为是个人品德的职业行为特征，它包括职业道德行为技能和职业道德习惯两个方面。所谓教师职业道德行为是教师在正确的道德认识指导下，选择有利于学生、他人和社会的行为。在当今经济全球化、观念国际化的条件下，高校教师职业道德行为尤为重要，它关系到教师、学校的道德形象，关系到大学生的成长。因此，高校教师职业道德行为必须从“责任感”和“规范性”两个方面加以强化。

1. 责任感

在教育实践中，教师理解、体验和把握社会赋予的责任，形成了教师责任感。就高校教师而言，责任感来自他们对职业道德规范的认同，并表现在教育教学、学术研究和社会服务等实践中：责任感促使他们尽心地上好每一堂课以点燃学生理想的火炬；责任感推动他们在学术研究的漫长道路中不违背良心以造福人类；责任感鞭策他们在工作中高标准、严要求以完成社会授予的使命。职业道德规范虽与规章制度有相似之处，但一个人若违反了一定的规章制度就可能受到惩罚，而教师隐匿的工作特征却决定了无法对他们的道德水平进行考究。如“关心学生，尊重学生人格，平等对待”，做到什么程度才算是关心、尊重？又如“求实创新，致力科学研究，坚持教学与科研的统一”，如何做才算达到“教学与科研的统一”？教师在制度化的道德教育下应当明晰职业道德中的“应然”，但如果教师本人缺乏为师者的责任感，未对所处的群体产生一种责任意识和认同感，则导致他们在实践中出现行为上的失范。

2. 规范性

作为一名合格的高校教师必须严于律己，警惕其一言一行、一举一动对学生造成的消极影响，处理好言行和身教的关系。身处崇尚自由环境的大学教师应意识到“教育无小事、教师无小节”，教师职业决定着他们的一言一行都是在为塑造灵魂而奔忙。因而，他们必须时时、处处注意自己的举止是否文明端庄，说话是否文雅和气，衣着是否整洁大方，待人是否谦虚礼貌，忌衣衫不整、举止粗俗、出言不逊。教师只有从点滴中规范行为，以身作则，才能成为学生学习的榜样，亦能促使整个学校师德面貌的改善。

第二节　进行高校教师的职业道德教育

一、常设教学辅助与发展机构

学校常设的教学辅助与发展机构有针对性地促进高校教师教学专业化发展，既是把组织培训工作落到实处的具体举措，更是使教师教学能力发展常态化、长期化的重要保证。教学辅助与发展机构的特点是以专业化措施、手段促进教师专业化的发展。良好运行的教学辅助与发展机构会配置专业培训人员、专门的培训设备和场所、精心设计的针对性培训计划以及方便互动的交流平台，这一切都为教师教学能力的提升提供了便利条件。目前，在学校设立的教学辅助与发展机构中，最有代表性和引人注目的是设置专业的教学中心或教学发展中心。这一做法是由美国率先提出的，影响较大、发展较为成熟的有美国哈佛大学、密西根州立大学的教学与学习中心，加州大学伯克利分校的教学与资源中心等。这些中心虽然名称有别，但功能定位基本是一致的，都以提高教师的教学能力、促进能力发展为目标。在我国，设立专门的教学发展中心也是大势所趋。

二、建立合理有序的教学培训

教学能力的发展是一个长期的过程，在经由各种学位课程为教学能力发展做了基础性的铺垫之后，合理有序的组织培训就成为高校教师教学能力持续成长和不断发展的外部推动力量。组织培训是由上级主管部门、学校或院系主持承担，为提高教师的职业适应性和工作有效性，有组织地对教师采取的培训活动。组织培训应秉承精细设计和有效实施策略，为教师提供符合个别需要的实际帮助。组织培训主要有针对初任教师的入职培训和针对在岗教师的职后培训两种。

（一）入职培训

入职培训又称岗前培训，其第一个任务是厘清认识。可以通过讲座、座谈、示范教学等形式与初任教师深度交流，使初任教师充分认识到作为一名高校教师所承担的职责以及完成这些职责应具备的能力，特别是在教学能力方面的特殊需求。第二个任务是精心设计培训内容，在培训中贯穿对高校教师所需的各种教学能力的要求，为后续能力发展打下良好基础。怎样开展教学活动固然是培训的重点，但是如何在教学中开展研究、建立起反思和创新教学的意识，如何通过教学引领学习者的教学发展也是培训设计中必须注意到的问题。第三个任务是重视经验衔接，为融通教师教育与基础教育经验作准备。虽然这不是一蹴而就的事情，但应在入职培训中就开始有意识地培养这样的意识和态度。

（二）职后培训

教师的职后培训是一个长期的过程，奉行的基本策略是常规化。常规化是针对目前职后培训随机性强、指向性不明显等问题提出来的，它不是简单地重复培训内容，而是以提高和促进为目的，针对不同的能力发展要求展开的培训活动。

教师的教学能力要求是多种多样的，有些可以随着教学实践经验的不断积累而有所增长和提高，有些则需要在自我发展的基础上由外部力量促动和帮助，如组织与基础教育教师的座谈、进入课堂观摩教学、搭建合作平台等培训方式。在职后培训常规化的同时,有两个问题需要特别关注。

第一,既要重视对青年教师的培训,也不能忽视资深教师的继续提高。

第二,职后培训对没有师范学习经历的教师要给予特别关注。正规的师范教育学习经历会对教师的教学产生一定影响,而没有经历过师范教育的人从事教育工作,其教育学、心理学知识以及应对教育中实际问题的能力,与受过正规师范教育的人相比还是有很大差距的。因此,要特别关注没有经历过师范教育的人,这种关注应该是全方位的,而不仅仅是多提供一些教育学、心理学的理论学习课时。

三、建立多方参与的发展共同体

改善和提高高校教师的教学能力,建立多方参与的发展共同体是值得关注的应对策略。合作的特点是可以聚合资源、交汇思想,在相互支持的基础上利于问题的解决。共同体是相对稳定的合作体系,有助于提高合作的效能并保持一定时期的合作稳定性。共同体强调知识分享、动态学习,具有促进个人和组织发展的作用,非常好地契合了教师教学能力发展的需要。

第一,不同或相同领域的教师由共同的研究和学习愿景聚合在一起成为共同体的成员,其构成往往是多样的、有差异的,彼此间可以取长补短、优势互补。同时,共同的问题解决过程,也是资深教师对有发展需要的同行提供直接或间接的指导和帮助的过程。

第二,教师需要有"融通学科及相关知识的能力",共同体搭建维系了发展的平台,共同体成员间的学科差异就是发展的资源。

四、明晰主体认识与用户需求

在教师教学能力的发展问题上,主体发展的需求和意识至关重要。这根植于教师对自身职业角色的正确认识以及明晰教师教育用户需求的基础之上。在教学能力提升方面,教师还需要了解和关注用户需求,教师教育用户的需要和期待是教师教育者教学能力发展的起点和方向。

从集体用户角度看，需要教师教育培养熟悉教学改革要求，能够实施有效教学的有效教师；从个人用户角度看，需要通过学习能胜任教学工作并具备良好的个人专业发展能力和基础。这就是对教师教育的要求。了解用户需求可以促使高校教师明确教学能力发展方向，检视自身能力的不足，激发能力发展的内在动力，从而实现更好的发展。

第四章 高校教师个人修养的炼成

高等学校是培养高等人才的神圣之地，高校教师的个人修养直接决定了培养人才的水平，加强教师个人修养具有重要意义。本章即对高校教师个人修养的相关知识进行系统阐述。

第一节　高校教师的心理素养

一、教师心理素养的概念

教师心理素养是指教师在教育实践活动中所表现出来的心理特点和心理能力，是教师专业素质的重要组成部分。

二、教师心理素养的特征

教师心理素养具有显著的特征，概括来说，主要包括以下几个方面（图 4-1）。

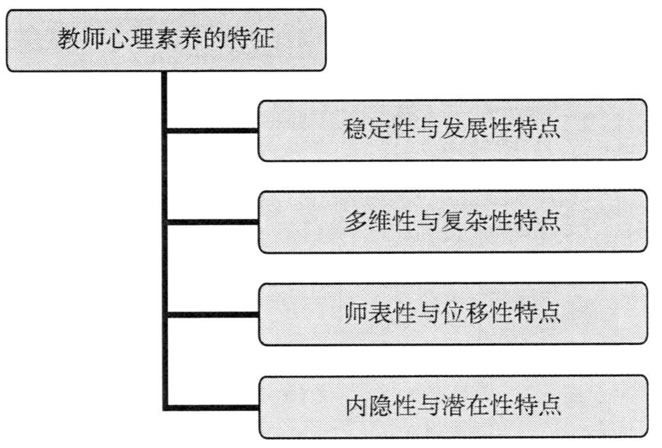

图 4-1　教师心理素养的特征

（一）稳定性与发展性特点

教师心理素养的稳定性特点，一方面是指教师心理素养是在教育教学实践中逐步形成和发展的，而它一经形成，就具有了相对的稳定性和持久性；另一方面，是指教师心理素养对学生的影响具有稳定性和持久性特点。教师心理素养的形成和发展，是其通过在同客观现实的相互作用过程中，学习获得的各种知识经验，并运用这些经验去调节人的各种行动从而实现的。它作为一种较稳定的心理特质，是以概括化和定型化的特点作用于教师的教育教学活动的。可见，教师心理素养作为一种稳定的心理构成物，始终以其动力功能稳定地作用于教师的教育教学实践，形成每个教师所特有的教育教学态度及其相应的教育教学方式。教师心理素养的这一特点要求高校教师不断加强职业心理素质的修养，确保留给学生的东西能够照亮其人生道路，成为他们奋发向上的强大精神动力。

需要注意的是，教师心理素养所具有的稳定性又是相对的，它还经常会表现出发展性特点。作为人与环境相互作用的产物，教师心理素养实质上是人在适应和改造环境的过程中不断得以塑造的结果。教师心理素养的发展性特点揭示了其可塑性，认识这一特性是极为重要的，它要求高校教师：一方面，可以通过自身努力，逐渐完善自己的心理素质，摒弃不良的心理素质；另一方面，还可以帮助学生顺利完成这一转变。当然，心理素质的改变与完善不是一朝一夕就可以实现的，需要通过长期的实践锻炼才能达到。但只要个人有强烈的锻炼意愿，坚持不懈地要求自己，勇于实践，就一定能塑造出良好的心理素质。

（二）多维性与复杂性特点

教师心理素养的多维性与复杂性特点，一方面是指教师心理素养包含多种成分和多层方面，是由多样的心理结构特征构成的综合体，同时又在多种因素的影响下才能形成；另一方面，是指教师心理素养对学生的影响是多方面的，它以其心理的多个侧面塑造着学生的健全人格。教师心理素养具有极为丰富的内容，其主要内容有认知、情感、意志等方面的修养，也有个性倾向性、个性心理特征、自我监控系统等方面的修养。这些方面修养的有机统一，构成了教师复杂而丰富的心理面貌。不仅如此，由于教师个体的经历、教育教学实践和已有心理水平的不同，又形成了教师心理素养极为突出的个体差异性。同时，单就优秀教师的心理素养而言，具有某些共同的、典型的心理特征，优秀教师不仅具有良好的认知能力和广泛的兴趣，而且具有高尚的情感、坚强的意志、良好的性格。由此可见,高校教师心理素养是多方面的、多层次的,并且以多种方式、从各个侧面对学生的认知、情感、意志、兴趣、能力、气质、性格等心理方面产生着广泛而深刻的积极影响。

(三)师表性与位移性特点

作为一名高校教师,不论任何时候或从事任何活动,都必须清晰地意识到自己是一名教师,要为学生树立良好的师表形象。因为教师的思想、感情、言语乃至行动,都会对学生产生重大影响,时时处处起着潜移默化的作用。正是由于学生时时处处都在模仿教师,所以说教师的世界观、品行、生活以及其对每一现象的态度都必然这样或那样地影响着学生。正因为如此,教师必须时时检点自己、反思自己,使自己的言行和态度符合教师专业道德的规范和要求。所谓心理位移,也就是我们常说的换位思考,是指教师要时时站在学生的立场,以学生的眼光观察事物、思考问题和解决问题。心理位移素养是教师极为重要的心理素养,如果教师只从自己所处的位置出发,而不能置身于与自己各方面差异较大的学生的位置上来分析、理解和处理学生出现的问题,必然在师生间筑起认识、情感与态度等各方面的屏障,给教育教学带来困难与失误。大量教育教学经验表明:了解学生是获得心理位移素养的重要前提。教师只有置身于学生群体之中,全面了解学生复杂的内心世界,才能正确评价学生的行为,否则心理位移也就成了一句空话。

(四)内隐性与潜在性特点

教师心理素养的内隐性与潜在性特点,一方面是指任何教师都具有形成良好心理素质的潜在可能性。这种潜在性变成现实性的前提,就是教师自觉地不懈地扎根教育教学实践。另一方面,是指教师心理素养对学生影响的潜移默化性。

首先,教师心理素养是在长期的教育教学活动中,从不适应到适应,从苦教到乐教,在坚定教育教学信念的过程中形成的,具有鲜明的职业和社会角色特点。

其次,教师心理素养对学生的影响是潜在的,是通过耳濡目染的形式而得以实现的。就师生关系来看,不成熟的学生长期地、连续地同教师处在一种特定关系中，必然受到教师这样或那样的深刻影响。这种影响是不以师生双方的主观意志为转移的，具有客观必然性。不管是正面的、积极的，还是反面的、消极的，虽然不那么明显和直接，甚至有时教师也未必意识到，但学生总是在自觉不自觉地受着这些因素的影响。

第二节　高校教师的感情修养

一、教师感情修养的定义

教师感情修养是教师在理解感情性质与状态的基础上，对自身感情进行适合教育目的和教育情境要求的认识、管理和表达，从而努力提升感情合理性的意识与能力。在教师感情修养的范畴中，教师感情作为职业情感，具有明确的目的性和原则性，是教师一种“应然”的感情，是职业道德的一种规范，是一种价值上的“应当”。高校教师感情修养要求教师审视自己原有的感情特征和教育活动中“实然”的感情体验，将凡是不利于教育目标实现和教育情境要求的感情特征加以修正，表现出合乎要求的感情特质。换言之，高校教师要改变不合于教育要求的、自身原有的“实然”的感情，而转变成教育活动所提倡的“应该”的感情，因此教师感情修养是要培育一种理智性的感情。它与人们常说的教师智慧、教育爱既有联系，又有其独特之处。

二、教师感情修养的特征

教师感情修养的特征主要包括以下几个方面（图 4–2）。

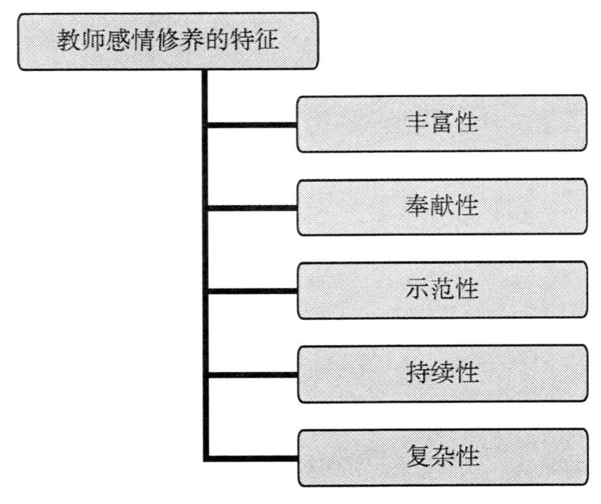

图 4-2　教师感情修养的特征

（一）丰富性

教师感情修养一方面有助于教师对学生的认识以及学生的自我发现，另一方面有助于教师理解教书育人的意义。两方面是密切相关的，能够产生持续更新的、动态的力量，使教育生活更具有意义、更为丰富。在当下社会，科学技术在赋予人类生活便利的同时也带来了精神生活方面的危机，为了减弱这方面的负面影响，教育活动应以人为本，明确人的主体性和主体间性。也就是说，高校教师的教育行为要富有主动性，在教育情境中要以感情修养作为工作的动力来源。

教师感情修养是教师发自内心的，具有丰富的内涵，是各种积极感情的交织，它带给师生活力。在教师与学生相聚的时候，教师感情的力量就会通过教师的感情修养而发出光芒。而经过感情修养之后，教师的感情是教师对学生的帮助和肯定。通过感情修养，高校教师可以增加教育意志的张力，刺激其所追求的教育理想，对于教育未来的展望更有信心，尤其是可以增强教育活动的意义，是教师给予学生和自我的最好的精神保障。

（二）奉献性

教师感情修养的目的旨在对学生和自身有所帮助，而且是力争惠及所教的全体学生，因此具有奉献性。在感情修养过程中，高校教师必须进行恰当的观察，以了解每一位学生的性格特征和能力爱好，针对学生的需要作出“真诚的奉献”，并尽可能地促使学生“自我形成”。换言之，高校教师尽力奉献自己的力量，但学生能否成器，其内因起着关键作用。而学生“自我形成”，必须首先发现自己，学生能够发现自己，才能形成自己。

（三）示范性

教师是学生发展的导师和引路人，在学生心目中占有特殊的地位。教师的感情修养不仅会影响学生的学习效果，而且是学生学习的直接榜样。无论教师是否意识到，在教育实践活动中教师的感情修养尤其是感情表达，会被学生视为榜样而竭力模仿。学生一般具有“向师性”，从学前儿童到大学生都有模仿教师各类行为的倾向。以身作则，为人师表，是社会对教师的一项基本要求，也是当代教师职业的一个重要特征。教师显然不是仅仅通过学校教育和课堂教学的客观媒介影响学生的，教材、教具和其他具体形式的教学手段虽然是教育活动不可或缺的，然而，使用这些教学媒介的教师的示范作用才是学生和谐发展最根本的原因。其中，教师的感情修养对学生产生的示范作用意义重大。因为学生的道德、人格、习惯等品性的养成，是与环境交互作用的结果，教师恰如其分的言传身教、表情达理所具有的切实性和针对性，更易被学生所理解和接受，使学生在潜移默化中将良好的品行化为自身的品质，获得情智的整体协调发展。

（四）持续性

教师感情修养的持续性意指感情修养的无止境。教师并非完人，不能对任何人都付出无尽的感情。但是，每位教师都应认清自身基本的责任和使命，也需要体悟教育活动的本质与意义，所以高校教师需要不断实践感情修养，习得如何在教育情境中建立和谐的感情氛围，习得如何让不同需求的学生都能在这一氛围中安全、自主地学习，其中包括课程的安排、良好师生关系的构建、教师对不同学生性格的了解与掌握等。就此而言，教师感情修养也是教育专业化的体现。学校是充满多元文化的场所，也是教师引导多元文化转化为智慧并实现人格完满的场所。教师感情修养是达成此目标不可缺少的动力，感情修养水平的高低是决定教育目的达成程度的关键因素之一。但教师感情修养的水平是难以量化的，因为教育活动和感情修养均为教育主体之间的感知与互动。因此，教师感情修养水平的高低需要师生双方共同的感受和认定才能够逐渐明确。教师感情修养在时间和空间上都具有持续性。教师践行感情修养，学校教育和课堂教学的过程固然重要，但更少不了课外的功夫。教师感情虽然是教师在教育情境中体验、表达的感情，但感情修养的功夫常常既在课内又在课外。感情修养的持续性和无止境，也决定了高校教师需要经常反思和把握自身感情的特点，追求自身感情的合理性。

（五）复杂性

教师感情修养的过程是一个理解、管理和表达自身感情的过程，是一种综合运用、消化、传递情智的复杂的身心劳动。在教育活动中，教师感情的表达和转换是教师教学的重要手段之一。教师感情作为一种教育要素参与教学工作，在教育主客体之间发挥着媒介作用。教师感情修养既是教师感情与智慧的一项结晶，也是教师实践经验的概括和总结，更是一个复杂的劳动过程。一般修养的过程，其程序、进度、成效等比较易于受个体意志努力的调控，而教师感情修养则相对比较难于以自身意志努力为转移。这是因为在教师感情修养过程中，教师感情不仅作为修养的对象出现，同时也作为感情修养的主体出现；教师体验的一些感情不仅是修养的客体与对象，而且可以通过管理转化为教师另一些感情修养活动的主体。教师感情这种既是主体又是客体的双重性，使教师感情修养具有其特定的复杂性。此外，教师感情修养的效果与成败不仅取决于教师作为感情修养主体的主观努力及其能力，同时也需要学生、同事以及学校文化氛围的共同作用。

第三节 高校教师的礼仪修养

礼仪是一个民族精神风貌、文明程度的标志，是一个人道德水准、整体素质的外在表现。崇尚礼仪，提高全民族的文明素养，关键在教师。教师注重礼仪，不仅是自身素质的体现，是社会公民应有的素养的体现，而且是培养人格完善、各方面素质全面发展的新一代公民的需要。具体说来，教师对于人类礼仪规范而言，是最主要的传播者和实践者，是一种重要的教育力量和影响要素。

一、教师礼仪的概念

教师礼仪是指教师在其职业生涯中应遵循的礼仪规范和程序，具体表现为礼貌、礼节、仪式等。“礼貌”是指教师与别人在相互交往的过程中表示敬重、友好的行为规范；“礼节”是指教师在社会交往过程中表示问候、致意、祝愿等的惯用形式；“仪式”是指在一定场合举行的具有专门程序的规范化的活动。教师礼仪不仅包括社会公民共同的礼仪，而且包括因教师的角色、身份、地位而区别于其他行业的礼仪。教师礼仪可分为两大部分，即校内礼仪和校外礼仪。其中，校内礼仪主要包括角色礼仪、课堂礼仪、办公室礼仪、参加学校集会的礼仪、与学生交往的礼仪等；校外礼仪主要包括与学生家长交往的礼仪、通信礼仪、人际交往的一般礼仪、涉外礼仪等。

二、教师在人类礼仪活动中的作用

教师在人类礼仪活动中的作用主要包括以下几个方面（图 4-3）。

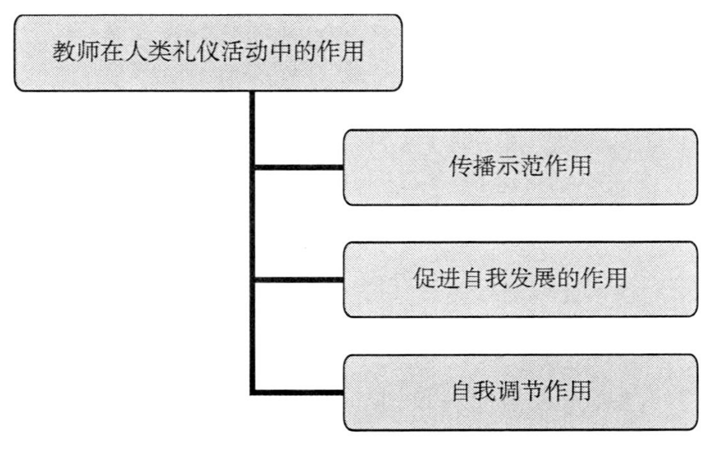

图 4-3 教师在人类礼仪活动中的作用

(一)传播示范作用

作为人类灵魂的工程师,教师是学生增长知识和思想进步的导师,是学生学习、模仿的榜样。从古至今,教师不仅是人类礼仪知识的主要传播者,而且教师自身的礼仪实践活动也是一种强有力的教育因素,对学生起着潜移默化的教育作用。所以,教师一定要严格要求自己,言行要符合社会的道德规范,用美的语言、美的行动、美的心灵来影响、教育学生。教师摒弃那些不合身份的穿戴、不拘小节的行为、不加检点的习惯,才能树立其威信,才能教育和引导学生向正确的方向发展。

(二)促进自我发展的作用

《国家中长期教育改革和发展规划纲要(2010—2020 年)》指出:“教育大计,教师为本。有好的教师,才有好的教育。”这句话深刻揭示了教师素质对提高教育质量、提高全民族素质的重要作用。尤其是在我国全面推进素质教育的今天,提高教师的整体素质是刻不容缓的头等大事。当然,加强教师队伍建设,提高教师素质的途径包括方方面面,而对教师进行礼仪教育,增强广大教师教书育人、为人师表的自觉性,是有效地培养高品质的、具有全面发展素质的教师的重要途径。也就是说,教师礼仪对教师整体素质的提高与发展起着重要的作用。

（三）自我调节作用

教师礼仪的根本是为人师表，以身作则，为学生、为社会树立榜样，教师的自律是第一位的，应严于律己、宽以待人。如果教师不讲究礼仪，甚至庸俗粗鲁、举止野蛮，就自然被别人瞧不起，更不用说让学生尊重自己了。所以，教师要成为一个受人欢迎和尊重的文明公民，必须规范自己的言行，养成讲究礼仪的良好习惯。教师礼仪不仅能够对教师的社会交际活动有调节作用，对教师的教育、教学活动也有调节作用。

三、教师礼仪的特点

教师礼仪的特点主要包括以下五个（图 4-4）。

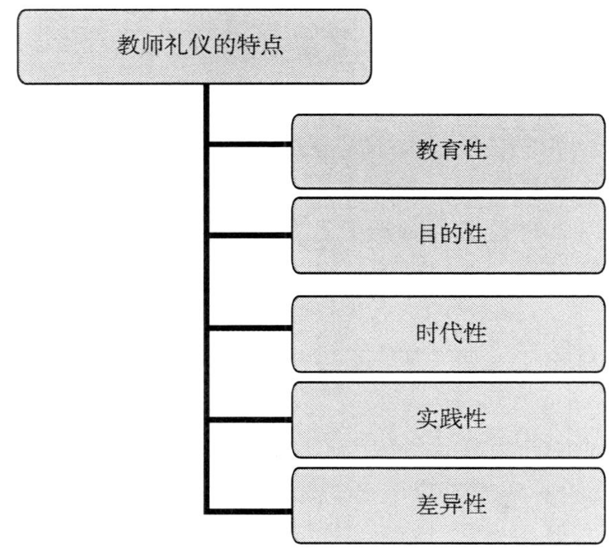

图 4-4　教师礼仪的特点

（一）教育性

教师的礼仪行动具有鲜明的示范作用。在校园中、课堂上，良好的礼仪示范会被学生模仿、学习，潜移默化地影响学生。在我国从古至今的社会交往活动中，教师的礼仪行为具有标杆的作用。教师群体要充分认识礼仪活动的教育性功能，并成为有目的的实践者。

（二）目的性

教师礼仪作为教师的行为规范，有着明确的目的性。教师礼仪的目的，对学校就是为教育、教学服务；对社会就是塑造良好的教师形象。

（三）时代性

礼仪具有继承性，但随着时代的变化而不断更新。现代礼仪较之过去，就变得更简洁、自然、真实，具有鲜明的时代性。广大教师要能适应现代社会的要求，除了学习和掌握传统礼仪之外，还要学习现代通信礼仪、网络礼仪和涉外礼仪的有关内容。

（四）实践性

礼仪是在人类交往活动的实践中产生和发展的，教师礼仪也是如此。离开了教师的教育、教学活动，离开了教师的交往活动和实践，教师礼仪也就失去了生命力。我们主张侧重于教师礼仪的实践、训练，并不排斥礼仪的基本理论。教师通过实践，会更好地领悟基本理论，会更好地将其融会贯通、把握分寸，做到得心应手。

（五）差异性

教师的礼仪行为是教师角色行为的外化与表征，是由教师的职业身份所决定的，它必定要符合社会对教师角色的整体要求，即社会要求的“教师形象”。但是，每个教师在礼仪学习与践行的过程中，应发挥能动性、主体性作用，扬长避短，各具特色，塑造学生心目中鲜活的、有辨识度的“教师形象”。

四、高校教师礼仪修养的途径

一名高校教师必须重视教师礼仪修养。高校教师礼仪修养的途径主要表现在以下几个方面（图 4–5）。

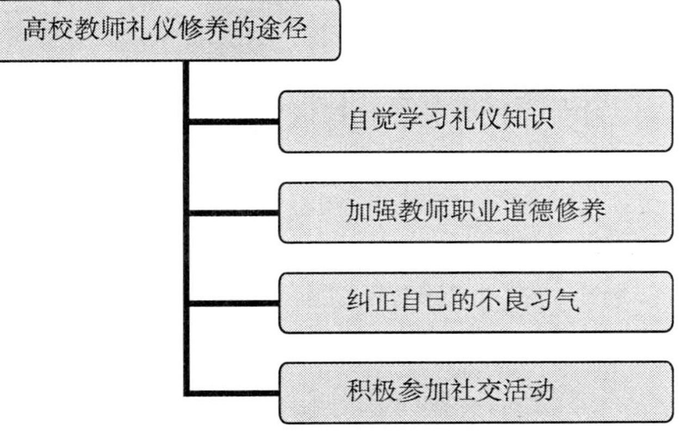

图 4–5 高校教师礼仪修养的途径

（一）自觉学习礼仪知识

目前对于教师礼仪的认识各不相同。有的教师认为，教师只要书教得好，讲不讲究教师礼仪无所谓；有的认为虽然需要教师礼仪，但不要规定得太死；有的认为教师礼仪重要，教师不但要遵守礼仪规范，而且要严格训练。只有当教师认识到自身职业的崇高，认识到教师礼仪的重要性，才会有自觉学习礼仪知识和技能的动机、积极性。高校教师应自觉学习礼仪知识，只有教师懂得的礼仪知识越广博、越全面，其职业行为才更符合礼仪规范。

（二）加强教师职业道德修养

教师礼仪，师德为先。有德才会有礼，修礼宜先修德，即应在加强道德修养上下功夫。教师只有具备了职业道德，才会处处为别人着想，才会尊重学生人格，维护学生合法权益，平等对待每一个学生；处理人际关系时，才会心胸宽广，谦虚谨慎，待人恭敬而有礼。教师如果不遵守教师职业道德，甚至连做人的一般道德都不具备，便无从谈礼貌修养。近年来，通过师德建设，教师的礼仪修养有了很大的提高，但与教师礼仪相悖，乃至缺乏起码的礼仪常识的现象也存在，这不能不引起我们的重视。所以，作为高校教师应自觉加强职业道德修养，通过自律、自省、慎独，培养自觉的礼仪意识，达到为人师表的道德境界。

（三）纠正自己的不良习气

在教育实践中，有的教师在某种场合中很懂礼貌，很讲文明，而在另一些场合却显得粗野、庸俗。当然，环境对人的影响很大，但礼貌、修养好的人总是能以严格的礼仪规范要求自己，即使遇到一些特殊场合或对不讲礼貌的人也能做到以礼待人。高校教师应时时处处讲究礼仪，不受环境的影响，用现代社会道德和文明的标准净化思想，不断完善自己，使自己的思想和行为符合现代礼仪的要求。

（四）积极参加社交活动

现代社会是人际交往广泛的社会，现代教育也在不断地国际化。教师不但要广泛开展国内的人际交往，而且要扩大与世界各国人民的交往。礼仪的知识固然重要，但更重要的是训练、实践。高校教师积极参加社交活动，就能获得礼仪实践的机会。通过在实践中的不断锻炼，高校教师就能克服在讲礼貌礼节时的“羞怯症”“自卑症”“妄自尊大症”等，增强自己的礼仪修养。

需要说明的是，对一个高校教师来说，礼仪修养的过程实际上是在高度自觉的前提下使自己的整体素质提高的过程，所以这不是一朝一夕的事。但是，只要肯下功夫，是能够达到理想境界的。

第五章 高校教师在社会实践中的师德

提高高校教师在社会实践中的师德素养，对构建社会主义和谐社会，促进社会主义事业的发展，实现中华民族的伟大复兴，具有极其重要的意义。

第一节　师生关系中的师德

师生关系中的师德建设取决于教师和学生的共同努力，而关键还在于教师。在师生之间道德关系的调适中，教师应做到以下几点。

一、充分尊重学生

教育要想获得成功，首先要尊重和信任学生。

尊重学生具体体现为以下两个方面。

第一，对达到一定要求的学生给予充分的肯定，对学生的意愿和要求给予充分的肯定。

第二，要培养和保护学生的自尊心，发展和尊重学生的个性。

尊重学生就要信任学生，信任是一种特殊的尊重。作为一种无形的教育力量，教师的信任能够对学生产生特殊的教育效果。教师将学生看作什么样的人，就相当于在暗示学生将来会成为什么样的人。教师应充分地信任学生，与学生建立平等、和谐的师生关系。尤其是对于成绩一般或犯错误的学生，教师更要给予他们信任，这有助于他们获得不断进步的勇气。尊重学生的自尊心，是教师职业道德情感的具体体现，是教育规律的客观反映和学生心理的要求。

教师对学生的尊重、信任，包含着对学生个体存在价值和上进愿望的肯定，这是调动学生积极性的关键。教师的责任在于机智而敏锐地发现和保护学生求上进的自尊心。

尊重学生就要尊重学生的人格。处在教育主导地位的教师有尊重学生人格的义务。在学校里，学生虽然是接受教育的一方，但仍享有法律上和道德上的人格独立。师生在法律上、道德上的人格是平等的，没有尊卑贵贱之分，应当互相尊重。教师应当以平等友善的态度对待学生，不能高高在上，不能讽刺、挖苦、辱骂甚至体罚学生。凡是与尊重学生的要求对立的言行，都是对学生人格的侮辱。打骂、体罚学生是无视学生人格的极端表现，也是教师自身素质低劣的表现。这不仅难以实现教育目的，而且结果会是压而不服，甚至会产生恶劣的影响。在我国，一些地方的个别学校体罚学生的现象屡禁不止，其原因主要包括以下三个方面。

第一，封建教育所信奉的“不打不成才”残余思想的影响。

第二，教师缺乏人道精神，人格扭曲。

第三，片面追求升学率，应试教育强调动机、不看效果的后果。

教师在教育中要善于自我控制情绪，自我把握教育态度和行为。教师也是平常人，也有七情六欲、喜怒哀乐，也有心烦气躁、心情不佳的时候。教师在遇到不顺心的事情的时候，更要特别注意控制、调节自己的情绪，不要迁怒于学生，要保持宽广的胸怀、良好的形象，才有利于师生关系的协调。尊重学生人格还表现在对学生个性的尊重。个性是一个人带有倾向性的、本质的、比较稳定的心理特征的总和，包括个人兴趣、能力、气质、性格等多个方面。学生个性是指学生在心理上、性格上、气质上和专业特长上的独特性。在我国，学校教育在很长一段时间不重视学生个性的培养，忽视学生的主体精神，这种做法严重束缚了学生主体精神和创造性的培养和发挥，扼杀了学生的个性和创造性。每个学生都有自己的个性，社会发展也需要各种不同类型和特点的人才。所以，只有因材施教，才能因势利导、有的放矢，才能收到理想的教育效果。

二、确立学生的主体地位

（一）唤醒学生的自主意识

在教育过程中，教师扮演着教育引导者的角色，教师要有意识地唤醒学生的自主意识，并且强化学生的主体意识。首先，教师要更新教学观念，树立“以学生为主体”的教育理念，认识到自己只是学生的助学者和疏导者，将学生看成有完整生命的人，让学生意识到自己是学习的主人，进而促进学生积极主动地学习。其次，教师要尊重和信任学生，满足学生的合理要求，鼓励学生独立思考，同时创造轻松和谐的教学环境，平等公正地对待学生，发挥学生的潜在能力。如果忽视学生的主体积极性，采取简单、粗暴的教育手段，就会大大损伤学生的自尊心，教育教学就难以取得好的效果。

（二）激发学生的主体情感

激发学生的主体情感，尊重学生的主体地位，构建新型师生关系，要做好“五个引导”。

1. 引导学生自我探究

教师应引导学生独立思考，让学生自己发现问题、解决问题，自主探究知识和总结科学结论。

2. 引导学生自我定向

教师应引导学生自己确定学习目标，安排学习计划，自定学习方向。

3. 引导学生自我调控

教师应让学生根据学习目标，发现学习差距，进而鼓励学生思考改进的策略，及时调整学习方式，最终实现学习目标。

4. 引导学生自主评价

教师应引导学生依据学习目标，对自身的学习目标、学习策略、学习方法、学习计划进行反思与评价，进而对学习过程进行监控。

5. 引导学生自我激励

教师应鼓励学生在学习中勇于面对和克服困难，引导学生体验成功的喜悦，使学生保持积极活跃的学习状态。

三、严格要求学生

严格要求学生是爱学生的一种具体表现，爱学生就要严格要求学生，指导学生向着良好的方向发展。热爱学生、尊重学生与严格要求学生并不矛盾；相反，这是一个有机的整体。严格要求学生，必须讲科学、讲规律、讲情理，必须同尊重、信任、理解、爱护学生相结合，才能真正收到良好的教育效果，达到教育目的。教师在严格教育学生、全面要求学生时应当注意以下几点。

（一）严而有度

教师要对学生的实际情况有一个准确的估量，包括学生学习的水平、理解能力、接受能力等，这样才能提出符合学生水平的要求。这也就要求教师在具体的教学中热爱和关心学生，并在认真考虑教学条件的基础上选择最佳的教育行为和方式。例如，在教学中对学生的要求要适度，不能为了提高课程的教学质量，不顾学生的实际情况和其他方面的要求，布置大量的作业、安排大量的考试，大量占用学生的课余时间，超过学生的实际接受能力，这样会致使学生的个性得不到健康、活泼的发展。

（二）严而有格

严而有格是指严格要求要有既定的标准，即根据党和国家的教育方针而制定的学校培养目标。教师的任何教学活动都要围绕这一标准开展，脱离了这一标准，就不能算作严格要求，教学就会带有随意性。

（三）严而有恒

所谓恒，就是要坚持，一以贯之，长久执行。教师对学生的要求要始终如一，坚持到底，不要朝令夕改，要保持一定的稳定性。并且，教师提出要求后要有检查和落实，不要只有布置，没有落实，这样不仅影响教育效果，而且教师的威信也会大大下降。因此，教师的意志要坚定，自身态度要严肃，不要轻易改变曾经提出的要求。

（四）严而有方

教师在严格要求学生时，要考虑方式方法，要让学生乐于接受和执行所提出的要求。如果教师的要求不能在实践中转化为学生的自觉行动，将不会发挥任何作用。所以，教师在提出要求之前，要充分考虑学生的实际情况，同时选择最佳的教育方式，从而取得最佳的教育效果。

（五）严而有情

教师的严出于爱，爱又寓于严。如果教师对学生只爱不严，那就成了放任、纵容，最终会害了学生。如果只严不爱，那么这种严要求达不到教育的目的。当然，严格要求学生要严得合情合理，而不是吹毛求疵或者强横无理。同时，严格要求学生不能束缚学生的个性发展。

严格教育学生是一门学问。教师要将“爱”与“严”有机地融合在一起，既给予学生充分的爱，又严格要求学生，使学生快乐、健康地成长。

四、公平公正地对待学生

（一）平等地对待学生

平等对待学生属于教育学中树立正确师生观的问题。教师公平地对待学生，首先表现为教师尊重和信任学生。社会中的个体与个体之间是平等的，这种平等的突出表现就是受到别人的尊重。学生是独立、具有尊严的个体，他们需要也应该受到别人的尊重，尤其是教师和家长的尊重。对于学生而言，教师的态度和言行对学生有着重要的影响作用，因此教师在对待学生时要做到公平公正，充分尊重每一个学生。

（二）赏罚分明

学生道德认识的形成与周围成人的反应有着密切的关系，因此教师对学生的行为要作出公平的评价，以使学生形成正确的道德认识。当学生犯错时，无论这名学生的学习成绩是优秀还是较差，应该批评时就要批评；当学生做了好事时，无论他是听话的学生还是调皮的学生，应该表扬的时候就要表扬，要做到一视同仁。

(三)关爱全体学生

公平公正地对待学生就要关爱全体学生,对所有学生一视同仁,即教师不能以自己的好恶为标准来处理师生关系,不能偏袒或冷落某些学生,应为学生提供平等的学习机会,对学生的批评和表扬要恰到好处。学生出身于不同的家庭,有着不同的个性,能力、智力和品性也各不相同。教师如果仅依靠自己的感情教学,就会显得十分狭隘,有失公允。所以,教师要对所有学生一视同仁。

(四)因材施教

公平公正地对待学生还表现为向学生提供同样的发展机会,做到因材施教。在班集体中,不是所有的学生都性格开朗,有些学生性格内向,不善于发言,此时教师不能因此不让他们发言,而应鼓励他们多发言,帮助他们树立信心。

(五)面向全体,点面结合

面向全体,点面结合,就是要求教师在个别教学和集体教育中做到教育公正。学生是有差异性的,对于后进的学生,教师给予适当的补课和一些特别的关照是应该的,这是为了他们的进步;对于聪慧的优秀生,应给他们创造提高的条件,这样才能促进学生更好地发展。优秀教师的魅力不仅体现在具有渊博的知识,还体现在客观公正地对待每一位学生。对于教师来说,做到公平公正可以引导学生明白是与非,能够指引学生走向高尚。

五、深入了解学生

教师热爱学生是为了教育学生,要教育好学生,就得先了解学生。只有真正地了解学生,才能更好地热爱学生。了解学生是教育的前提和基础。教育工作是从了解学生开始的。不了解学生的内心世界,就搞不好教育,达不到教育的目的,收不到良好的教育效果。只有掌握了学生的思想状况、个性特点、学习生活情况才能从学生的实际出发,有目的地进行教育。在我们的素质教育中,教师应该把了解学生、研究学生的心理需求作为掌握教育艺术的基本功,这是教师应具备的基本素质。

了解学生不是目的,而是进行教育的前提。每个学生都有一个十分丰富和复杂的内心世界。应了解学生的心理状态,了解他们的家庭情况,了解他们的志趣爱好,了解他们的喜、怒、哀、乐等。了解学生,要把了解学生个人同学生集体结合起来,做到既见树木,又见森林;要把了解学生与教育学生紧密地结合起来,既在教育中了解学生,又在了解中教育学生。因材施教的前提就是了解学生,全面真实地掌握学生的情况。这是对每位教师提出的一条重要的道德要求。

第二节　教师与同事关系中的师德

一、尊重他人

如果教师之间彼此尊重,就会产生一种和谐融洽的心理氛围,教师就会把集体看成自己的集体,对它有一种依恋感,这是集体凝聚力产生的基础。在集体生活中,每位教师要把尊重他人作为自己应该遵守的职业道德并在彼此交往中体现出来。教师间要互相尊重、相互支持。

首先,担任专业学科的教师要互相帮助,取人之长,补己之短。同一专业的教师一般毕业于不同学校,教学时间长短不一,教学方法各有所长,但每位教师都有自己的特点和长处。俗话说:“尺有所短,寸有所长。”因此,教师需要互相学习。

其次,不同专业的教师,要互相尊重,互相配合。在学校中各种专业都是培养全面发展的人才所必需的,它们之间是相互联系、相互促进的。因此,每一位教师都不应该过分强调本专业的重要性,有意无意地贬低其他专业的重要性。正确的做法应该是努力维护其他教师的威信,提高本学科的教学质量。

最后,年轻教师与老教师之间要互相尊重,互相学习。一般来说,老教师的教学经验比较多,知识比较丰富;而年轻教师思想敏锐,朝气蓬勃,富有创新精神,但缺乏教学经验。所以,年轻教师应该虚心向老教师请教,使自己不断成熟起来;老教师也应该满腔热忱地爱护和关心年轻教师的成长,注意学习他们的求知创新精神,使自己永葆青春。

二、理解他人

在教师集体中,由于相互之间个性不同,在对同一问题或不同问题的看法与处理上,会产生分歧,这是很正常的现象。当遇到矛盾时,需要彼此都能站在对方的角度思考问题,也就是多进行心理互换,从而理解对方的想法与做法,并在此基础上求同存异,找出解决问题的共同方法。学会理解,是处理同事关系的重要原则。理解其他教师时需注意以下几点。

首先,理解人要先了解人。设身处地地为他人思考一下,才能理解他人,在宽容的基础上,寻求解决的办法。相互理解了,问题往往就能迎刃而解。

其次,理解别人需要平等的观念。人与人的关系始终存在强弱、大小,这是客观存在的现实,我们无法平衡这种不对等的关系。要达到相互理解,必须抛弃强者俯视弱者、成人小瞧孩童的不平等视觉,代之以平等的观念。应以理性的思维、积极乐观的态度去面对其他教师,消除不同点,扩大共同点,感染对方,欣赏对方,理解对方。

最后,理解别人需要一颗赤诚无私的心。理解他人的前提是自身在理解过程中不带有任何私利、非分的欲望及各种诱惑,以中立的观点分析问题、理解他人。

三、学会合作

每一位教师的成长,都需要一定的外部条件,生活、工作的地方就是其成长的沃土。这需要大家共同为这块土壤补给营养、水分、阳光,共同创造一个和谐的、有利于每个人发展自我的空间。因此,每位教师要把集体看作自己的集体,主动去关心它,为其发展不断作出自己的努力。这在客观上又要求教师必须学会与他人合作,共同创造和谐的集体。要与人合作,先要调整好自己。同时,加快自身的发展,为集体作出贡献。

（一）积极合作

合作不是教师的一厢情愿，而是交往双方的事情。但是，能否实现合作，则取决于双方各自的态度与素养。各自都希望合作，这是前提。有了这个前提，就能充分调动各自内在的积极性，使双方都能感受到对方的诚意与热情。但仅有这些是不够的，还需要双方能够自觉地克服一些影响合作的心理障碍。教师间的合作不仅体现在某项具体任务的完成上，而且大量体现在日常教育与教学中的合作上。虽然教师的工作形式带有很强的个体性，但是，如果教师之间没有经常的合作，很难想象教育教学任务能够顺利完成。因此，学生的培养需要教师具有积极主动与人合作的职业道德。

（二）发展自我

教师的成长与发展离不开个人的主观努力和教师集体的帮助，前者是基础，后者是条件，二者缺一不可。不少优秀教师在谈到自己的成长时，有很多共同点，其中之一就是集体的发展为自己的发展创造了条件。因此，他们庆幸自己遇到了好的集体。这也启示我们：在现代社会，一个人要想得到发展，仅靠个人的力量是远远不够的，他需要借助集体的智慧。但是，集体的发展不是自然而然的，它需要教师的贡献，需要有一种良性循环，即教师在发展自我的同时，积极为集体奉献自己的聪明才智，促进集体的进步；而集体的发展又为个人的完善创造条件。只有这样，才能实现集体与个人的共同发展。

四、自觉服从集体利益

（一）小集体要服从大集体

学校是一个教育的整体，它要按照党的教育方针、学生成长的需要以及社会发展的需要，制订总体的教育计划，并要求各个教育教学单位认真执行，以形成一个全校性的教育氛围，最终实现教育目标。一个具有集体意识的教师，不能以个人或小集体的需要为理由，拒绝执行学校的教育计划；而应该在顾全大局的前提下，从自己局部工作的实际出发，创造性地贯彻学校的教育计划。

（二）要服从学校的安排

学校根据整个人员情况和工作需要，分配给教师具体的教育教学任务。学校的安排与个人意愿可能是一致的，也可能有所不同。作为学校，在可能的情况下会照顾个人的需要，尽可能地加以协调。作为教师，则要以大局为重，尽可能克服困难，积极服从学校的统一安排。这是对教师最基本的师德要求。

第三节　教师与学生家长关系中的师德

家庭是塑造个人品格的第一所场所，青少年学生的心灵和品格首先在家庭中形成，然后才会在社会生活中磨炼成熟起来，这是自然的秩序。由此可见家庭教育的重要。要调动起家长教育的积极性和主动性，就必须处理好教师与家长的关系。这种关系是以学生为基础，在教育、培养学生的共同目标下形成的一种新的教育交往关系；也是在新的社会环境下产生的学校、家庭、社会形成教育合力，共同完成育人使命的新型教育方式。教师在建设与家长的关系中，要充分表现出教师的职业道德。

一、尊重家长的人格

在与人的交往时应该尊重对方，这是对一般社会成员普遍的、起码的要求。学生家长是教师教育学生过程中不可缺少的合作者，更要求教师给予他们应有的尊重。这既是社会对教师的一般要求，也是教育伦理基于教育劳动的特点对教师的特殊要求。

（一）教师要虚心听取学生家长的意见

教师虚心听取学生家长的意见，并对正确的意见积极采纳，是教师职业道德对教师的必然要求，也有利于教师教育教学质量的提高。一般来说，家长能真实地反映学生在校外的情况，且家长也比较注意学生教育，教师要虚心、耐心地听取家长的意见和建议。教师这样做，不仅不会影响教师在家长心目中的威信，反而会密切两者之间的关系。

（二）当教育过程中发生困难时教师要耐心和克制

教师要与家长保持平等的关系，保证交流渠道的通畅。和学生家长一起研究教育学生的问题时，要用征求、商量的口气。一般来说，当对学生的教育活动比较顺利时，教师和学生家长发生矛盾的可能性比较小。当学生犯错误时，尤其是当学生反复犯同一错误或相似的错误，教育过程不是很顺利时，教师如果不注意自己的情绪，就很容易出现不尊重家长的言行，从而导致家长对教师心生怨恨，甚至导致两者间的矛盾冲突。遇到这种情况，教师应注意做到以下几点。

第一，要反思学生所犯的“错误”是一种错误，还是学生心理需求的自然表露，抑或是学生身心发展过程中的正常现象。

第二，要探讨并找准学生犯错误的原因，以便有效解决问题。

第三，要端正对待犯错误的学生的态度，不应该迁怒于学生家长。

（三）教师应一视同仁地对待每一位家长

教师在工作中不能抛弃任何一位学生，同样无权拒绝和任何一位家长的合作。教师应该主动协调和家长们的关系，充分发挥他们在教育学生活动中的作用和积极性。教师不但要与表现较好的学生家长沟通，更要与后进学生的家长建立良好的联系，以便更好地发挥合力作用，共同促使学生向好的方向发展。

二、建立平等的沟通关系

（一）教师与家长建立平等合作教育伦理关系的依据

1. 社会分工要求教师与家长建立平等的社会伦理关系

由于社会分工不同，教师与家长虽然从事的工作性质不同，但都有自己的专业与专长。教师在与不同职业的家长沟通时，应该注意家长的工作性质，平等地对待不同职业的家长。随着我国人口中接受高等教育的比例快速上升及人们对于教育的关注，很多家长的教育知识有了明显的提高，家庭教育质量不断提高，改变了教师在教育学生方面绝对的权威。同时，教师和学生家长都是社会劳动者，都具有一定的社会地位，人格上是平等的，不存在领导与被领导、支配与被支配的关系。可见，教师和家长在人格上是平等的。

2. 学校与家庭由学生作为纽带构成客观关系，要求教师与家长建立平等合作关系

学校与家庭由学生这个中介、桥梁、纽带建立联系，两者之间构成了一种不以任何一方的意志为转移的客观关系。家长与教师有着相同的教育对象、共同的愿望、一致的社会责任，因此家长与教师之间是一种合作关系。教师与家长需要建立正常、和谐的合作关系，协调一致地教育学生。在这个过程中，教师应该有足够的认识，与家长建立一种平等合作的教育伦理关系。

（二）教师与家长建立平等合作关系的特点与指导观念

教师与家长的平等合作关系表现为社会地位的平等性、双方联系交往的互相尊重、双方在教育过程中的配合。教师与家长平等合作的关系具有以下特点。

第一，教师除了道德上的威望，对学生家长无任何权力可言。

第二，由于教育学生是教师必须承担的社会责任，教师要和所有的家长建立合理的伦理关系。

第三，在交往的过程中，教师要以主动协调的态度促进与家长的平等合作伦理关系。

学校和教师在家校关系上的指导观念是建立以学校为指导、以家长为主体的双向合作关系，家长在家校关系中由被动转变为主动；发展教师与家长双向互动、相互学习的关系，教师在家校关系中由绝对权威转变为相对权威；家长与教师以学生的个体发展为教育目的，改变单纯从学校和教师出发要求家长配合的社会性目的。

三、形成良好的沟通习惯

（一）教师建立与家长良好沟通的要求

1. 密切联系家长

面对职业、经历、社会地位与身份、文化程度等不同的家长，教师要进行研究，掌握因不同心理需求而形成的不同类型的家长特点，采取“因人而异”的交往方式。这需要教师在与家长的交往中，注意观察和分析家长的实际，进而有针对性地开展工作。这也是教师敬业精神的一种体现。同时，教师要保持与家长的联系，与家长建立情感，争取家长对老师工作的理解与支持。

2. 坚持主动交往

学生是社会人，他们的人格品质和行为习惯的形成过程离不开学校、家庭和社会对他们的影响。从这个意义上说，教师与家长及时沟通，与家长建立并保持良好的合作关系，是培养学生良好品质、促进学生健康成长的一个重要因素。

3. 倾听家长的意见

教师与家长交往，首先要以教育工作者的胸怀去理解家长对孩子的期望，去倾听家长在孩子教育问题上的建议或意见，从而奠定良好的交往基础。任何一位家长都由衷地希望自己的孩子在校学习努力，成绩优异，为将来步入社会积蓄竞争力量。对于家长的期望，教师应该予以充分理解。面对教育中可能会出现的各种问题，教师要能站在家长的角度思考问题，认真倾听家长的意见，这是对家长的尊重和理解。只有做到这一步，让家长感到教师与自己的心是相通的，教师的所想所为是为孩子的前途考虑，家长才能逐渐与教师的想法达成共识，共同设计教育、帮助孩子提高的方案，并找出教育的最佳途径，达到最好的教育效果。

4. 在合作中共同进取

教师所接触的是职业、身份不尽相同的家长，每个人都有可能在不同的方面给教育工作以启发和帮助。因此，在强调家庭和学校教育力量整合、强化家长参与教育管理的背景下，主动与家长交往，共同探讨育人之道就显得尤为重要。教师要注意开动脑筋、讲究方法，要认识到每位家长都有自己独特的教育方式，集中起家长的才智，树立起家庭教育的典范，在学校教育的过程中进行尝试，这不仅对家长之间的相互学习有帮助，更可以为家庭、社会、学校三者结合的教育模式积累有益的经验。

（二）教师在与家长交往、沟通中应注意的问题

1. 教师不谋取私利

教育是用心灵去塑造心灵的工作，是一项帮助无知、幼稚的生命走向成熟，提高生命价值的事业。任何一点失职都有可能直接影响到学生的成长与发展。而教师在与家长交往中的所作所为，从某种意义上说，更能够进入学生的内心世界，作用会更大。所以，教师要以对学生高度负责的精神与家长交往，时刻提醒自己恪守教师的职业道德，保持交往关系的纯洁性，展现教师的人格尊严与人格魅力。只有这样，家长才会信任教师，才能形成教育合力。教师既不能利用家长的关系谋取个人私利，也不能被动接受家长的礼物，对其要态度明朗但又不失礼貌地婉拒。要向家长讲明教师与学生之间的纯真感情是建立在相互激励，帮助学生在学业、思想各个方面不断进步的基础上的；教师与学生家长之间关系的建立又是以培养青少年茁壮成长为共同目标的。任何与这一目标不相符合的因素都会使本来纯洁的关系失去其影响力。

2. 在沟通中展示真诚

教师在与家长的沟通过程中，无论是处理问题的方式还是交往中的说话方式，都要努力使家长感受到真诚以及从中渗透着的帮助孩子健康成长的良好愿望。这样会有助于激发家长的合作意识，双方共同努力，为孩子创造广阔的发展空间。教师在与家长沟通中，要在语言中显真诚，在处事中见真情。教师与家长沟通要特别注意说话方式，既要坚持原则，不失教育工作者的身份，又要讲究说话艺术，在语言交流中显真情，努力营造温馨的“一家人”氛围。比如谈话时多用“咱”，少用“你”；多用“您看”，少用“我觉得”；即使是对缺点突出甚至严重违纪学生的家长，教师也要注意保持自己的风度和语言修养。当与这些家长面面相视时，开始的谈话要采取委婉的方式，从采取围绕中心但又相对开放的问题开始，以避免“单刀直入”的询问方式所引起的尴尬、紧张局面。这样做的结果是使家长减轻心理压力，在亲切、自然的谈话中缩短双方的距离，家长自然会主动配合、真诚而积极合作。事实证明：教师只有讲究语言艺术，真诚对待家长，才能充分调动家庭教育的内在潜能，真正整合教育力量，使教育收到事半功倍的效果。

3. 在交往中传递信任

教师与家长携手共进，首先要打破传统的尊卑观念，从教育的新视角来理解、分析教师与学生家长的平等地位，从而认识家庭教育的重要性，并将这个观点在交往过程中渗透给家长，使他们直接感受到教师对其教育子女能力的信任，并理解他们的配合在孩子成长中的重要作用，这样才可充分调动家长参与教育的积极性。但在整个工作的过程中，要注意两个问题。

第一，不要过分依赖家长，貌似“充分信任”，其实是典型的矛盾转移，推卸责任。

第二，要在信任家长的同时，冷静地思考家长所反映的信息，排除部分家长因心情或期望值过高而出现的极端情绪干扰。

四、教育学生尊重家长

教育学生尊敬家长，是搞好家庭教育的重要环节。教师有责任教育学生尊重家长，帮助家庭营造良好的家教氛围。所以，教育学生尊重家长就成为对教师的一种要求。培养学生尊重家长的方式很多，通过邀请家长参与教育、教学管理以及各种活动是切实可行的好方法。

（一）通过多种方式教育学生尊重家长

教师通过思想道德教育、传统文化教育、学科教育及各类活动等多种类型的教育形式与内容，教育学生尊重家长的思想，使学生了解并发扬中华民族尊老爱幼的优秀品质，在日常生活中学会关心尊重家长、理解信任家长，共同创造和谐的发展空间。在帮助学生的同时，教师还要有意识地做好一部分家长的工作，随时提醒这些家长，要让孩子尊重自己，自己就必须是孩子值得尊重的榜样，一言一行都要给孩子以正确的示范，这样才能赢得孩子的信任与敬重，这也是家庭教育能够成功的基础。

（二）通过工作缩短学生与家长的心理距离

学生与家长之间，由于年龄的差别、时代的变化、所接受教育的不同、生活条件有异，在某些方面存在代沟是很正常的，关键的问题是要能够彼此理解和沟通。作为教师，要通过教学与活动等各种方式，促进学生对家长的理解，增进其感情，以利于相互之间的沟通。只要教师认真去做疏导工作，加上高超的教育艺术，是会获得成功的。

（三）开展活动使家长展示才华

教育教学离不开家长的支持与合作。作为教师，可以有意识、有目的、有计划地邀请家长参与相关的教育教学活动，一方面可以对学校的教育、教学工作起到监督作用；另一方面，这又是家长展示自己才华的机会。例如，邀请家长参加公开的听评课活动；组织学生到博物馆参观，请有专业特长的家长进行讲解，以展示他们的优势所在。请家长参加班级组织的一些大型集体活动，可使不同家长的不同才华得以充分地体现出来，也使学生受到鼓舞，并由此产生佩服和信服之心。此外，结合学生的学习，可以请家长为学生举办不同领域的知识讲座，以扩大学生的知识面和兴趣面，也为孩子更全面地了解家长提供帮助。

第四节　教学工作中的师德

一、依法执教

（一）依法执教的要求

1. 高校教师要不断地提高自身的思想道德水平和教育教学水平

高校教师教书育人的活动是以自身渊博的学术水平和高尚的道德情操为基础的，因此高校教师必须不断地提高自身的思想道德和文化修养、充实业务知识、完善教育技能、调整心理结构。这不仅是一种简单的自我发展过程，而且直接反映了高校教师个人对于教育事业的态度，也是一种决定教师教书育人成功的重要因素。具有提高教师道德水平和教学水平的自觉性，高校教师才能不断地反省自己，对自己进行客观的道德评价，并能坚持正确、修正错误，形成依法执教的高尚品德。

2. 高校教师要模范地遵守宪法及其他各种法律、法规

党的十一届三中全会以后，我国教育法治建设取得了前所未有的成就，教育立法成果显著。全国人大及其常委会先后制定颁布了《中华人民共和国教师法》《中华人民共和国职业教育法》，以及专门针对高校的《中华人民共和国高等教育法》《中华人民共和国学位条例》等教育专门法律。国务院颁布了《中华人民共和国义务教育法实施细则》《残疾人教育条例》等行政法规，国家教委等部委颁布了一系列有关教育的行政规章，各地也纷纷出台了大量地方性教育法规。目前，我国已初步形成了有中国特色的社会主义教育法律法规体系，使教育的重大问题和教育教学工作的重要方面都有了法律依据和保障。

3. 高校教师要依法进行教育教学活动

《中华人民共和国教育法》和《中华人民共和国教师法》是教师“自己”的法律，而《中华人民共和国高等教育法》和《中华人民共和国学位条例》是高校教师“自己”的法律。因此，高校教师在教书育人的过程中，要注意模范地遵守各种法律、法规。

高校教师要依法进行教书育人的活动，首先就要认真贯彻教育方针，对学生进行爱国主义教育、社会主义核心价值观教育、民族精神教育以及法制教育等。其次，高校教师要关心、爱护每一个学生，维护每一个学生的正当权益。大学生虽然是一个生理和心理相对成熟的群体，但是仍处在人生观尚未定型时期，他们自尊心强、强调个性。因此，高校教师在教书育人的过程中，必须以真诚的态度关爱学生，要坚决制止对学生有害或者侵犯学生合法权益的行为，批评和抵制有害学生健康成长的现象。对体罚学生、侮辱学生、侵犯学生隐私权等违背教育法律、法规的现象，要坚决予以杜绝。

（二）依法执教的道德意义

1. 依法执教是高校教师贯彻教育方针，执行教育教学计划，认真完成教学工作任务的需要

教育必须为我国社会主义现代化建设服务，为人民服务，与生产劳动和社会实践相结合，培养德、智、体等全面发展的社会主义建设者和接班人。这是我国的教育方针。任何教师的教育活动都不能背离这个方针；否则，我们的教育就是徒劳的，就是失败的。

2. 依法执教是保障教书育人迈向正确政治方向的必然要求

高校教师教书育人所培养的学生，必须有坚定而正确的政治态度。这就需要高校教师严格依法执教，对学生进行社会主义核心价值观的教育，并且培养学生的爱国主义、民族精神的道德情感。高校教师在教书育人的过程中，自觉向学生进行社会主义核心价值观、爱国主义和民族精神的教育，不仅是法律规定的义务和责任，而且是一名高校教师自觉维护国家利益的政治原则和道德规范。

3. 依法执教是高校教师不断提高自身思想政治觉悟和教学业务水平的需要

高校教师教书育人的工作具有很强的示范性和感染力，这就要求高校教师必须具有较高的政治理论水平和思想觉悟素养，并在日常工作中自觉地贯彻教育法律规范，在教育公正的理念下把法定的职业规范转化为教育教学实践活动。高校教师在依法执教中的坚持真理、秉公办事、赏罚分明、平等待人的态度，不但对学生有强烈的示范作用，也是高校教师自我修养不可或缺的内容。

二、廉洁从教

（一）廉洁从教的要求

1. 高校教师要公正从教，以廉明维护教育公正

廉洁从教首先要求高校教师做到公正执教。所谓公正执教，是指教师在教书育人的过程中要公平、公正地对待每一个学生，要一视同仁地对待每一个学生，不能因学生的性别、相貌、智力水平、家庭情况、社会背景等方面的差异而采取不同的态度和情感模式。高校教师的公正从教充分展示了高校教师的人格魅力。

2. 高校教师要深明大义，不取非法之义利

现阶段我国社会主义市场经济正在不断趋于完善，但市场经济对人们的思想意识和价值观念产生了巨大的冲击。在这种大环境影响下，作为人之楷模的高校教师，更应该坚守大义、坚守正确的道德情操。首先，高校教师要有明确的义利观。身为高校教师，要懂得舍利取义，要树立大义为先、私利居次的观念，要把国家、民族和集体利益置于个人利益之上。在任何条件下，都不可以舍义取利、唯利是图。其次，高校教师要自觉抵制金钱、名利的诱惑，不取不义之财、不当之利。在市场经济的大潮中，高校教师必须有明辨是非的能力，并以廉洁的行动来实现大义；否则，就会违背高校教师清廉公正的大义，严重损害高校教师在学生和

社会中的形象。

3. 高校教师要廉洁自律、洁身自好

高校教师的廉洁从教，除了法规约束和社会舆论的监督引导外，主要还是依靠教师用廉洁的标准来进行自我约束，自觉保持清廉纯洁的作风，这是廉洁从教最深厚的思想基础。要做到这一点，高校教师必须认真学习科学理论，树立正确的人生观、价值观和教育观，自觉加强师德修养，自觉养成廉洁自律、洁身自好的习惯，从小事情做起，不取一点一滴的不义之财，不索一针一线的非法之物；要长期坚持清廉自守，持之以恒，使其廉洁自律的形象成为无形的教育力量。

（二）廉洁从教的道德意义

廉洁是中华民族传统美德之精华。在今天市场经济的大潮中，在反腐倡廉呼声日高的境况下，教育领域中的廉洁有着更重大的意义。

1. 廉洁是教书育人的人格前提

我们经常说的“学高为师、身正为范”，就是要求教师严格要求自己，品德操行高尚，确有为人师表的人格魅力。教师只有学高身正，才能教人为真、为善、为美，才能使学生敬重。任何形式的贪、馋、占、懒、散，都是对教师形象的玷污。一个教师如果品行不廉，堕入污秽肮脏之中，那他在学生心目中就绝不会是一个“师者”形象。所以，是否廉洁就必然成为高校教师能否为师的重要人格标准之一。

2. 廉洁是高校教师育人的品德基础

高校教师的使命是教书育人，是按照社会要求培养出符合一定社会标准的人才。而人才的培养必须注重对学生品德的塑造，这就要求高校教师必须具备高品位的品行修养，必须要为学生作出好的榜样。廉洁是高校教师品德修养的重要基础之一，高校教师做到了廉洁公正，就给学生树立了美德榜样，可以帮助学生从教师形象中体会到什么是高尚，什么是低劣；什么是美，什么是丑；什么是善，什么是恶。在潜移默化之中，学生就会形成正确的是非观和辨别美丑善恶的能力。可见，高校教师的廉洁是保证育人工作方向正确的品德基础。

三、树立现代教育理念

（一）确立服务意识

现代教育思想和理念要求教师在教学活动中确立服务意识。这种服务意识表现在两个方面。

1. 教学活动要服务于学生

高等教育面向市场已经成为不争的事实，衡量一所高校教育水平的高低、办学质量的好坏、生源的多寡，学生的认可程度是一项重要指标。越来越多的专业面向学生收费，因此，提供优质的教育服务，高校、高校教师责无旁贷。为了确保高校的生存与发展，高校教师必须增强服务意识，为学生提供优质的教育服务。这就要求高校教师应努力做到以下几点。

第一，以人为本，关注学生需要。

第二，提高教学水平，保证教学质量。

第三，积极学习，不断充实，保证教学内容的常新常变。

第四，拓宽视野，勇于创新，运用先进的教学方法。

第五，具有市场意识，努力形成富有特色的教学风格。

高校教师以此在课堂教学和实践中为学生知识的增长、能力的培养和今后的就业提供切实有效的教学服务。

2. 教学活动要服务于社会

以往的教育突出知识本位，高校教师在社会传统和制度的安排下无形中拥有一种权威地位，这种地位使高校教师也更关注知识本身，关注知识的传授。但是当前高等教育改革使高等教育越来越融入市场经济体系，无论是在专业设置、招生、课程设置、教学安排还是在评价机制、学生就业等方面，市场经济的价值要求和社会发展的实践需要成为决定性的因素。高校教师应当将学术眼光和理论研究方向与社会主义物质文明和精神文明建设的需要相联系，确立服务社会的意识，要通过自己的劳动为学生、为社会提供货真价实的优质教育服务。

（二）树立公正观念

高校教师的公正是指教师在自己的教育活动中对待不同利益关系所表现出来的公平和正义，亦即高校教师在处理人际关系、评价人与事时表现出来的坚持原则、为人正直、公平合理的观念、态度和做法，其中公平合理地对待和评价所有学生，公平合理地对待和评价自己及其他教师，是高校教师公正的基本要求。

教学活动中的教师公正观念，首先要求高校教师要公平、公正地对待学生。高校教师应该在教学活动的全过程中树立公正观念，要在课上、课下、辅导、答疑、作业、考试以及实践教学中一视同仁、公平公正地对待每一个学生，决不能以学习成绩分优劣、智力高低定亲疏，以个人情感为好恶，更不能以家庭背景分高下，尤其不能把不正之风带进师生关系，采取功利主义态度，把纯洁的师生关系庸俗化。高校教学工作中会有一系列的教学规范、管理规则、纪律要求。高校教师要教育学生遵守教学活动中的一切规章制度，要在遵纪守法、遵守校规校纪面前坚持人人平等的原则，在处理相关人和事时要坚持原则、赏罚分明，不可有松有紧、有宽有严，更忌根据自己的情感好恶和个人偏私对待、处理学生，造成明显的不公正。其次，教学活动中的教师公正观念要求高校教师要公平、公正地对待自己。高校教师要客观公正地评价自己的教学质量，既要看到自己的长处和优势，也要看到自己的短处和不足，要虚心听取学生和教师的意见，接受学生和教师的考评，不可骄傲自满、狂妄自大，堵塞了教学相长的路子。最后，高校教师要以客观公正的态度对待其他教师。要虚心学习，正确评价他人的教学质量；要团结协作，正确评价他人在教育教学中的作用。不可对其他教师的优点、长处视而不见，更不可文人相轻、持门户之见，贬损他人的优点和成绩。

高校教师树立公正观念对学生的发展有重要的影响。如果教师不公正，对优秀学生则会助长其骄傲、浮躁的情绪，使其不能脚踏实地地学习；对后进生可能会伤害其自尊，打击其本来就不高的学习积极性。如果教师不公正，还会人为地分裂学生集体，削弱学生集体的凝聚力、向心力。教学活动中教师的公正是学生对老师产生认同感、敬重感的重要因素。当学生在与教师的交往中体验到公正的合理性，就能激励他们追求真、善、美，培养良好的品质，调动他们的学习积极性和创造性。反之，当他们发现教师不公正，有偏心，不但会伤害他们对教师的美好情感，挫伤他们的积极性和创造性，还会给他们造成思想混乱，致使他们对公正本身的合理性产生怀疑，对社会公平和公正失去信心。

高校教师树立公正观念对高校教师本人以及高校教师集体的发展有重要作用。以公正客观的态度对待自己，可以使自己克服缺点，发扬优点，永不自满，不断进步；以公正客观的态度对待其他教师，可以使自己不断从周围教师身上学到好的东西，可以激发其他教师努力搞好教育教学的积极性，以形成团结友善、真挚坦诚、公平正义的教师集体。

（三）确立以人为本的理念

以人为本的理念对高校教师有以下要求。

1. 要求高校教师在教学活动中打破用固定化、统一化的标准和教学模式塑造学生的做法，重视学生个体差异性，充分尊重学生的个性，实施个性化的教育

不同个性的学生有不同的性格特征和心理特点，有不同的情商和智商，有不同的学习基础和知识水平，在教学活动各环节中会表现出不同的个性化的求知欲望、学习方式、实践方法乃至职业意向。高校教师应该重视这些不同，以对学生负责的态度来了解每一位学生的个性特征，了解他们学习的意向、理想和状况，设计多样化的教学方案，采取多样化的教学手段，因材施教，帮助他们选择适合自己的方法、方向，调动他们学习的积极性，发掘他们独特的学习潜力，为每位学生的提高和发展提供知识的平台。

2. 要求高校教师在教学过程中重视学生的主体需要，实现人性化教学

大学生是一个个富有朝气、生动活泼的人，每一个学生都是一个有价值的独立个体，他们需要教师的尊重、关心和爱护，他们需要在一种民主平等的教学环境中学习文化、汲取知识。

第一，人性化的教学理念要求高校教师破除一切以教师为中心的旧思想、旧观念，克服师道尊严的影响，在教学过程中以民主平等的态度对待学生，尊重学生的人格，保护学生的尊严，不得以任何方式侮辱学生的人格，践踏他们的尊严，特别是对学习基础差，有缺点、有错误的学生，更要尊重爱护他们。

第二，人性化的教学理念要求高校教师在教学过程中关心爱护学生，关心他们的学习效果和思想动态，了解他们在学习中的困难和障碍，要不断与他们交流，给他们指导，并根据他们的需要及时调整教学方法和思路，以取得最好的教学效果。

第三，人性化的教学理念要求高校教师在教学过程中要允许学生向教师提出疑问，保护学生的探索精神和创新意识，给学生创造民主宽松的学习环境和师生平等的人际关系氛围。

第四，人性化的教学理念要求高校教师在教学活动过程中要帮助学生树立理想，学会学习、学会实践；要关心他们的思想、生活和心理健康，了解他们的思想困惑，及时给予帮助和指导，引导他们摆脱烦恼走出困境，帮助他们健康成长顺利完成学业；要体现对学生的人生伦理关怀和终极关怀。

四、以身作则

（一）政治思想上作引领

高校教师要担当起社会交给的教书育人的重任，首先在政治思想方面必须做学生的引领者，要坚持坚定正确的政治方向，自觉地弘扬社会主义核心价值。不论国际风云如何变幻，高校教师都应该保持清醒的头脑，以自己的模范行动去影响学生，引导他们热爱祖国、建设国家、服务社会。青年学生正处在人生观和世界观形成的重要阶段，高校教师的立场、观点、信念都会给青年学生留下不可磨灭的印象，对于他们将来走上工作岗位，走向正确的人生之路，都起到举足轻重的作用。如果高校教师没有崇高的人生理想和坚定的政治信念，就不能明辨大是大非，在教书育人的过程中必然有意无意地对学生的思想产生消极的影响。

（二）良好作风作垂范

对于高校教师而言，良好的工作作风就是教师的教风，是高校教师在长期的教育和教学的实践活动中逐渐形成的，它具体表现在教育教学过程中的各个方面和各个环节。如高校教师在工作中认真备课，认真钻研教材，把握重点难点，准确讲解，采取灵活多样的教学方法，创造性地进行教学工作；在学术上勤于钻研、刻苦历练，具有诚实守信的学术态度等。同时，高校教师良好的教风还体现在与学生交往中的平等相待、教学相长。高校教师良好的教风是学生良好学风的表率，对于学生形成良好的学风有着巨大的、潜移默化的影响和作用。

（三）文明礼仪作表率

高校教师的表率作用不仅表现在政治思想、个人品德等内在品质上，也显露在谈吐举止、修饰衣着、仪表仪容等外部形象上。庄严的外表，源于谦逊纯朴的内心。

第一，高校教师应该做到仪表端庄，服饰适当。仪容仪表是师德的重要内容，教师在教学活动中应该做到仪表端庄，朴实大方，举止彬彬有礼，态度严肃亲切，各方面给人特别是给学生一种可亲可敬的形象。

第二，高校教师应当平实亲和，礼貌待人。高校教师的一言一行、一颦一笑、一举一动，都应该在学生心目中留下美好的形象。高校教师在社会活动中要举止得体，待人接物要体现高校教师应有的精神风貌；在学校中，面对学生不要居高临下、目中无人，应该平等待人，尊重学生。在提问时，不妨加一个“请”字，使学生听起来，教师是在尊重他，从而激起他对教师的尊重和对教师所教课程的热爱之情。在教学过程中，高校教师还要注意仪态庄重，举止得体，坐不能无精打采，走不能手舞足蹈，要做到严肃而不呆板，活泼而不流气，庄重而又亲切，热情而又理智。在这方面，每个高校教师都应该身体力行，注意在日常生活小事中严格要求自己，以自己的模范行为去影响和带动学生。

（四）高尚道德情操作示范

教书育人的工作要求高校教师不仅向学生传授科学文化知识，更重要的是要培养学生具有优良的道德品质。为达到这个目的，高校教师应该具备正直公正、言行一致、表里如一的品格；要具备强烈的事业心和责任心，要自觉打造平等待人、谦虚诚实、以生为友、淡泊名利、甘为人梯的人格；还要具有胸怀坦荡、情绪稳定、思维敏捷、善解人意、乐观向上的健康心理。教师只有具有崇高的精神境界、高尚的道德情操、健康的心理品格，才能使学生耳濡目染，从中受到熏陶。凡是要求学生做到的，教师必须首先做到；凡是要求学生不做的，教师必须首先不做。身教重于言教，高校教师只有严格要求自己，做到表里如一、言行一致，才能对学生优良的品质产生积极的影响。

第五节　科学研究中的师德

随着我国高等教育事业的发展，高等学校的科学研究已经成为推动我国科学技术发展和创新的重要力量，高校教师创新的研究成果也成为我国社会主义现代化建设的高智能动力。高校教师在科学研究中也应具有良好的师德。

一、追求真理、学术至上

追求真理是学术研究活动的首要价值，也是学术研究者所应遵循的道德规范。高校教师作为学术研究的主力军，自然应以追求真理为己任。因为大学是公开追求真理的场所，所有的研究机会都要服务于真理，在大学里追求真理是人们精神的基本要求。追求真理、学术至上这一道德规范要求高校教师应做到以下几点。

（一）献身学术、淡泊名利

学术一向被人们尊奉为神圣的殿堂而高高在上，羞于与世俗的经济利益同侪；一旦学术研究与利益挂钩，学术便不再纯粹和纯洁。可以说，这是几千年来人类文明史对学术的基本评价。学术不是名利者的事业。因此，学术研究要求高校教师应该具备献身学术的精神，即“以学术为志业”。献身学术意味着要甘于寂寞，意味着要淡泊名利。高校教师“研究高深学问”的这一学术使命，要求其学术研究活动必须服从真理的标准,必须体现学术的尊严。只有当高校教师从事学术研究活动,把真理作为其本体追求,献身于学术之时,其学术研究活动才能趋向本真,才具有真正的价值。

(二)持之以恒、求真唯实、勇于探索

持之以恒、求真唯实、勇于探索是高校教师在科学研究中应遵守的最基本的职业道德规范之一。科学研究是一件追求真理、探索事物规律的非常艰巨而又复杂的事情,来不得半点虚假,因此任何科学研究的前提都是持之以恒、求真唯实、勇于探索,在错综复杂的事物中去发现事物的本质和规律,这就要求学者具有持之以恒、求真唯实、勇于探索的精神与品德。高校教师要培养持之以恒、求真唯实、勇于探索的精神不是一朝一夕就能做到的,它要求高校教师从一点一滴做起,从容易的事情做起,由易到难,循序渐进地培养自己的科研能力,增强自己的信心;长此以往,就能够培养出持之以恒、求真唯实、勇于探索的精神信念。当然,要培养持之以恒、求真唯实、勇于探索的精神,最重要的还在于首先要树立爱国主义的道德价值观,树立报效祖国、报效社会的远大志向,它将促使高校教师在平凡而艰苦的科学研究活动中感受到工作的价值,获得精神动力,并在科研工作中踏踏实实,追求真理,不畏艰难险阻。只有这样,高校教师的科研工作才能符合科研道德的要求,才能具备实现科研目标的精神条件,并且最终为国家、为社会作出贡献。

二、相互尊重、团结协作

高校教师在科学研究中要做到相互尊重、团结合作,必须做到以下几点。

第一,明确科学研究的目的,端正科学研究的态度。我们要认识到我们的一切科学研究活动最终都是为了祖国的繁荣昌盛,为了人类社会的进步,为了广大人民群众的福祉。只要有了这样的认识,就不会丧失我们的公正判断,就不会埋没他人的贡献,就会表现出对他人应有的尊重,并且能在科学研究中真诚地与他人合作。

第二,高校教师还应该对他人的科研能力有基本的信任,相信他人的专业理论水平,相信他人的科研道德素质,相信他人有能力完成自己的科研任务。这一点也是与他人真诚合作的前提。有些人在科学研究活动中对他人的能力总是持怀疑态度和贬斥态度，认为只有自己水平高，是搞科研的“材料”，别人都不行，甚至连别人作出的成绩也不愿意承认。毫无疑问，如果一个人持有这样的态度，就很难想象他会去尊重他人的劳动或者与他人合作。

第三，相互尊重、团结合作的科研道德还要求高校教师尊重他人的课题选择，尊重他人的研究方法，尊重他人的成员组合，允许他人研究的失败，不可干预、挑剔别人的科研活动，不可讥讽、打击别人的暂时失败；在合作的过程中，要尊重每一个课题组成员，要公开整体科研项目的目标、计划、方法、步骤，要公开科研经费的分配使用情况，要交流信息和资料，发现问题要及时解决问题，为他人提供应有的帮助，并能互相宽容，互相理解，携手共进，完成科研任务。

三、谦虚谨慎、诚实可信

谦虚谨慎、诚实守信是中华民族的传统美德，也是我国高校教师应该遵守的科研道德。我国广大高校教师正是秉持着谦虚谨慎、诚实可信的科研道德，不仅为国家的科技文化事业作出了巨大贡献，而且在工作和生活中也以谦虚、诚实的道德人格，在社会上获得了好评。但不可否认的是，确实也有少数教师缺乏谦虚谨慎、诚实可信的科研职业道德，有的人取得了一点点成绩就沾沾自喜，目空一切，动辄以“专家”“大师”自居，再也不能接受他人的意见和看法，结果闭塞了言路，也堵死了自己进步的道路；有的人不老实、不诚实，在科研中投机取巧、弄虚作假，甚至盗窃别人的劳动果实，剽窃他人的科研成果，破坏了学术风气，也败坏了自己的道德人格。

高校教师要形成谦虚谨慎、诚实可信的良好科研职业道德必须做到以下两个方面。

第一，必须把自己的科研贡献与国家和社会的需要相比较，这样就能够看到自己的差距。同时也要有勇气承认他人的成就与贡献，要学会看到自己与他人的差距，并经常调整自己的奋斗目标和方向，使之不断朝着更大、更远的目标前进。

第二，必须加强道德修养，与好逸恶劳、投机取巧的思想展开积极的斗争，培养自己诚实、正直、脚踏实地的品德和作风。唯有这样才能够保持谦虚谨慎、不断进取的心态,并形成谦虚谨慎、诚实可信的良好科研职业道德。

第六节 社会服务中的师德

高等教育本身所具有的公益性,决定了高校教师从事育人、科研以及社会服务工作的公益性。这一公益性的属性和原则对高校教师从事社会服务的道德规范提出了严格的要求。

一、诚实守信

诚信是道德伦理中的核心要素,自古以来就是人之美德,在人类所有的价值选择中都居于重要位置。从某种意义上可以说,只要有人际交往就要求诚信美德,要求以诚相待。诚信带给人的不仅是朋友,还有信任、幸福甚至权利。

高校教师的社会服务与一般性的服务行为相比,无论在内容上还是在影响上都有着更高品位的社会意义,为此,高校教师在社会行动及服务过程中一定要秉承诚信理念,必须集规则诚信和美德诚信于一体。

(一)规则诚信

规则诚信是指对社会服务承诺及机制的维护。社会服务承诺制是指承担社会服务职能的部门、单位或个人,把服务的内容、指标、程序、时限和责任等,公开向服务的对象作出承诺,并以此为核心建立起具有规范性和约束力的一种契约性质的社会服务机制。例如,在技术转让过程中,就要重社会服务承诺,确保技术转让的效果和质量。高校教师的社会服务不是一人一己的私事,关乎社会整体的利益。在现代社会,产学研结合已成为一种科技开发的新模式,技术发明、产品的设计转让也呈现激烈竞争的态势,如果没有规则诚信机制,就会失去市场、失去客户，还会影响市场竞争的有序性。

（二）美德诚信

美德诚信是指高校教师在践行社会服务承诺机制的过程中，要最大限度地实现社会对自身的期许，满足社会的需求。这是因为社会服务承诺制是高校教师走进社会和市场后的一种信誉契约，这种契约是高校教师社会服务的最低道德标准，或称为底线职业伦理。高校教师除了要遵守这种社会服务最低的职业道德规范外，还要重视美德诚信，即尽可能地提高社会服务质量，以满足服务对象的需求。建诚信社会、做诚信人将日益成为高校教师职业道德之共识，且以身实践者比比皆是，尽管诚信美德的外显形式有别，但是赤诚的内在价值是一致的。因此，高校教师服务社会一定要以诚信为立人之本，发掘潜质，奉献社会。

二、维护正义

这里的正义可以从两个视角来理解。一是作为公平、公正尺度的正义，即罗尔斯所说的社会正义，关注的是通过对现有社会制度中不符合社会公正、正义的部分作出调整，作出对社会基本制度的合理设计，在社会范围内最大限度地合理配置资源与利益，维护社会公正。一个道德的社会也一定是一个公正的社会，公正不仅是法律民主尽力追求的目标，更是道德理想的奋斗目标，亚里士多德甚至把公正看成美德的全部。市场经济的发展不仅创造着公正的经济基础，同时其运行模式对责权利的高要求为公正提供了客观标准。所谓公正，这里可指制度美和个体善的统一，是行为对象应受的行为，是给予人应得的行为，是等利害关系的交换。公正的核心是利益分配的公正，主要内容包括权利平等、机会均等、合理分配、等价交换、集体主义原则。高校教师社会服务所具有的正义性特征正体现在促进公正的作用上，根据弗兰肯纳对社会公正原则进行的分析：教师可以通过有效地转化自身的资源促进社会公正，如转化知识力满足公民对文化的公共需求；转化技术力促进社会公平公正发展的经济力；转化教育力扩大公民公平享受教育的机会；转化观念力提高公民自身争取公平机会的意识。此外，高校教师在现代社会中以其优秀的智力资源而具有相对优越的竞争力，是促进社会公平公正不可忽视的重要力量。二是与恶质性的违背人类利益有关的狭义理解，指的是维护他人、社会的正当权益，并与一切有悖于社会公理的行为作斗争的精神。高校教师作为高级知识分子，基于社会的分工和历史的使命，有以学术研究为基础而从事社会服务的职责，有追求真理的理想，有以正义的实力唤醒民众的道德良心的能力，是最合适地对社会非正义现象进行挑战和批判的正义之师。所以，高校教师在从事高校社会服务时，必须高扬正义的旗帜。

第一，高校教师在从事社会服务的过程中要有深切的社会关怀，要"以天下为己任"，这是高校教师与其他社会一般人员的一个显著区别。高校教师作为高层次的精神性群体，应当依据自身的知识背景从整个社会的普遍价值和公共利益出发，以社会问题为中心来分析和解决问题。此时，高校教师社会服务职业道德的要求在于：抛弃主观偏见，尊重客观事实和价值判断。

第二，高校教师在社会服务的过程中还要有正义之勇。勇是指不畏惧可怕事物的行为。高校教师之勇要求其勇于克服困难，顶住压力；不畏压力与胁迫，勇于宣传和坚持真理；面对社会恶势力的挤压，不畏强权，保护弱者。

第三，高校教师在社会服务的过程中还要有英勇之智。智慧可分为道德智慧和非道德智慧。道德智慧指的是从事道德活动的智慧，即对从事人己利害活动的相对完善的认知能力，而非道德智慧不具备这些价值性要求。高校教师维护正义靠的是道德智慧，在与某些恶势力相抗衡的过程中要求高校教师要有耐力，要理智、冷静，不受情绪干扰，要增强自制力，要慎重考量、明辨是非、机智果断，以更好地履行社会服务的使命，这就要求高校教师必须树立正确的价值观，切忌盲目行动。

三、义利兼顾

高校教师在从事社会服务的过程中还要注意正确处理追求利益和遵守道义的关系，树立科学的义利观，做到义利兼顾。在新中国建设的历史上，我们曾经绝对排斥求利的合法性，主张趋利张义，但在社会主义市场经济建设的过程中，我们则主张扬弃历史上的义利观，倡导"君子爱财，取之有道"，主张义利兼顾。

高校教师在进入市场开展社会服务的过程中，也会有对利益的追求，但不能够见利忘义，必须对义利关系的问题作出正面的回答。

（一）树立正确的义利观

高校教师劳动与商业经营最大的一个不同点就在于不以营利为目的。高校教师社会服务对义的重视，决定了其甘于寂寞、宁静致远的生活意味。高校教师以义为目的应做到以下几点。

第一，做到以义为引导，增进公益。要树立增进社会利益和他人利益的仁义观，以增进社会进步、促进社会发展为目标。

第二，要树立自觉让利的义利观，在社会服务中作出相应的自觉让步，尤其是功利上的让步。

第三，以义统利。在市场运作中，完全抛弃利的义并不是真正的义，会有损于社会的公平性，由此产生的不合理性反而会造成不义，因为合理谋利也是义。因此，高校教师服务社会如果一味地强调“去利怀义”，也是一种不全面的义利观。

（二）合法取得经济收入

高校教师合法地取得经济收入要遵循如下几条基本原则。

1. 坚持正当性原则

合法地取得经济收入，不宜以破坏他人的利益来成全自身的利益，坚持公平公正，防止损人利己。

2. 坚持适度原则

在予与取之间坚持以予为先，坚定先利人后利己的原则和信念，防止见利忘义。

3. 坚持诚实守信原则

不以欺诈手段牟取暴利，不能以自身的优势强行逼人就范，如对某一产品或成果的垄断，借此抬高市场价格等。

4. 踏实勤奋、吃苦耐劳，防止投机取巧

“犯奸而富”历来遭到社会的唾弃。高校教师的创收需要经过一个艰难探索的历程，比如王选教授的笔画软件开发就是沉默多年后才破茧而出的。

总体来说，高校教师在社会服务过程中，一定要正确地对待义与利的关系，区分正当获利和不正当获利，坚持市场规则，并逐渐内化为一种美德，建构“博施于民而济众”的社会公益义利观。

第六章 高校教师职业道德评价

在高校教师的道德建设中，高校教师职业道德评价发挥着至关重要的作用，正确的高校教师职业道德评价是推动高校教师道德规范和原则向道德意识和道德活动转化的重要力量，对协调人际关系和形成良好的社会道德风尚都具有重要的作用。

第一节　高校教师职业道德评价的重要性与依据

一、高校教师职业道德评价的重要性

（一）高校教师职业道德评价是改善校风校纪、调节教育内外人际关系的有效手段

高校教师职业道德评价不仅与某个高校教师的名声与品质有着密切的关系，还与整个学校的校风校纪有着密切的关系。如果一所学校对教师的职业道德评价非常重视，往往会对评价中的价值导向进行正确引导，并通过多种渠道建构一个评价—反馈机制，使好的教师职业道德得到鼓励，坏的职业现象受到批评，这样可以在教师队伍中构建良好的职业风尚，打造一个有纪必遵、有规必循的教师群体，带动学生养成良好的习惯，从而在全校范围内形成良好的校风校纪。

（二）高校教师职业道德评价是维护高校教师职业道德原则和规范的重要保障

高校教师职业道德评价对高校教师的职业道德活动起着重要的监督和保障作用。作为对教育活动中教师行为进行调整的规范与准则，教师职业道德不同于相关法律或者行政手段的强制性，往往是依据教师以一定的教师职业道德标准来进行道德评价实现的。教师能否接受教师职业道德的规范与原则，以及接受程度的高低，都取决于人们评价活动的广度与深度以及道德评价的水平与能力。如果没有职业道德评价，那么教师的职业道德规范显然就不会起作用，其原因主要包括以下两个方面。

第一，高校教师的职业道德评价能够改善道德氛围。也就是说，通

过职业道德评价，教师会不断调整自身的职业道德活动，同时周边的职业道德氛围也会不断变得更好，从而形成积极的职业道德氛围。

第二，高校教师职业道德能否得到认同，从很大程度上来说，体现着高校教师职业道德传播水平是高还是低，标志着高校教师职业道德是否得到了弘扬。通过教师的职业道德评价，能够指出教师在职业道德行为上有何不妥，从而激发教师不断提升自身道德修养的斗志，进一步培养自身良好的道德行为，消除不健康的道德行为倾向。

（三）高校教师职业道德评价是促使高校教师个人职业道德品质形成和发展的重要途径

1. 高校教师职业道德评价的效应是直接的

这种直接的效应主要体现在高校教师职业道德评价中，在教学中学生是教师的直接对象，教师的言行对学生产生着直接的影响。如果教师的言行不得体，那么会让学生感到反感，甚至厌恶、中断学习。

2. 高校教师职业道德评价具有广泛性

高校教师的职业道德行为不仅限于自己以及周围的学生这一范围内，还会对学校、学生家庭甚至社会产生影响。正是因为这种广泛性的存在，教师才会受到各方的监督，使教师在各个方面都需要注意自身的道德行为。

3. 高校教师职业道德评价的影响是持久的

一方面，对某个教师的评价一旦形成，一般短期内就不会消失；另一方面，如果教师与学生之间的关系不是一时的关系，而是长期、稳定的关系，这就使学生对教师的评价不是一时的评价，而是会持续较长时间，甚至在以后的交往中会一直持续。

（四）高校教师职业道德评价是促使高校教师职业道德规范转化为教师内心信念的重要机制

高校教师职业道德是向高校教师提供自身道德行为的外在准则，要想把这种客观的标准转化成高校教师内心的信念,并在自身以后的行动中有明显的体现,就必须通过高校教师的职业道德评价。通过职业道德评价,高校教师不仅可以对职业道德规范与准则有清楚的了解,还能够将这一规范与准则深入自己的内心世界,对自己的道德情感与职业良心产生直接的影响。

二、高校教师职业道德评价的依据

要想对高校教师顺利进行职业道德评价,还必须遵照一些评价依据,这些依据是评价对象所具有的能反映道德价值的要素。一般情况下,教师的职业行为都存在道德意义,都可以成为评价的对象。只有将教师的职业行为作为评判依据,才能保证教师职业道德评价的公正与系统。行为由动机、目的、手段和效果等几个因素构成。

(一)坚持用目的与手段相统一的观点来评价高校教师的道德行为

目的与手段具有统一性。一方面,道德目的对道德手段起着决定性作用,道德目的的性质也对道德手段的性质起着决定性作用。另一方面,道德手段对道德目的有着重要的影响,道德手段的性质也对道德目的的性质起着重要的影响。因此,在对高校教师的职业道德进行评价时,要实现目的与手段的统一。任何行为都无外乎有好的或坏的目的两种可能,而无论什么目的都可能采取正当或不正当的手段。当目的与手段一致时,是容易评价的,即目的是好的,手段是正当的行为就是善行;相反,目的是坏的,手段是不正当的行为就是恶行。但是,如果目的是卑劣的,即使是采取正当手段的行为也不能说是善行,应给予否定的评价。如果目的是好的,采取的手段是不正当的,则必须深入分析行为的背景,才能作出恰当的评价。当行为人有条件使用正当手段而没有使用时,这种行为应予以否定。如果行为人别无选择,只能以不正当手段达到良好目的时,一般应当肯定行为的道德价值。但是,如果不正当手段造成的负价值大于良性目的价值时,则必须予以否定。也就是说,为了良好的目的而采取的不正当手段所产生的负价值必须小于良性目的的正价值。

（二）坚持用动机与效果相统一的观点来评价高校教师的道德行为

马克思主义伦理学认为动机与效果是对立统一的关系。一方面，动机与效果是统一的，两者相互依存、相互联结，在一定条件下互相转化。另一方面，动机与效果又是相互区别的，动机为主观因素，发动、维持人的行为；效果属于客观事实，记录、证实人的行为。动机与效果的辩证联系通过复杂的方式表现出来，好的动机常常引出好的结果，坏的动机常常引出坏的结果。但是，由于社会生活的复杂性，动机和效果有时也会出现背离的现象。好的动机也会产生坏的结果，即“好心办坏事”；有时坏的动机也会产生好的结果，即“歪打正着”。因此，在评价人们的行为时，要反对单纯的动机论或效果论，应把动机与效果统一起来，具体分析两者之间的关系。在实际评价中，对于动机与效果一致的情况，容易作出评价，即动机好、效果也好的行为当然是善行；如果动机不好、效果也不好，那么这种行为就是恶行。但是，如果动机与效果不一致，我们应该首先看到动机的作用。这是因为动机主要在行为者的内心存在与展现，是人的行为的最初意图与精神趋向的反映，能够将行为者的行为本质与精神境界体现出来。同时还需要注意，要具体问题具体分析，不能片面强调动机，也不能片面强调效果，而要从实践中对其进行评价。对动机好、效果不好的现象，我们应该努力去寻找原因，判断其是因为对客观事物认识不全面导致的，还是因为考虑不周到导致的，从而分析具体的原因，找出解决这些问题的方式，为下一步的动机作准备，从而真正实现动机与效果的统一。

对实践动机进行检验与完善，在实践中逐渐实现愿望与效果的一致。但是，动机属于观念形态的东西，并非显而易见。判断动机的好坏需要看效果和一贯的行为。即使效果不好，但能从其一贯的行为中证明动机是好的，也应当判定行为具有善的道德价值，这样体现了动机在行为中的重要意义，也体现了道德行为评价不同于其他评价的特殊性。

第二节 高校教师职业道德评价的原则与标准

一、高校教师职业道德评价的原则

高校教师职业道德评价的原则即在对高校教师职业道德进行评价时所应该遵循的原则,其在高校教师职业道德评价的要求与思想上有集中的体现,反映出高校教师职业道德评价的基本规律,是人们在职业道德评价实践中逐渐摸索出的规律。一般来说,对高校教师进行职业道德评价需要遵循以下原则。

(一)全面性原则

对高校教师进行道德评价,必须坚持全面性原则。对于全面性原则,一定要充分考虑职业道德评价标准的全面性,全面、充分地反映教育目标。贯彻全面性原则,还要求评价者在评价过程中要全面、充分地收集有关信息,不要偏听偏信。例如,在评估某一位教师的职业道德水平时,要听取其他教师、员工的意见,学生对教师的评价,以及广大学生家长的意见,而不能只听取某个领导的意见。除了这些人员的意见,教师所带出来的学生的发展水平如何当然更是非常重要的一个参考标准。

(二)公开性原则

高校教师职业道德评价的公开性原则体现在以下两个方面。

第一,评价结果要告知被评价教师本人,要疏通评价者与被评价者之间的信息沟通渠道,这样才能发挥群体舆论的作用,才能发挥道德舆论支配、调节教师行为的杠杆作用。评价本身不是目的,而是手段,是为提高教师职业道德水平,为树立积极、健康的社会道德服务意识的手段。如果仅仅将对教师的评价记录下来并装入档案袋,而并未让教师认识到自身的职业道德水平,那么他们是很难了解自身与他人的差距的,这样就使教师职业道德评价与道德评价目的相违背,无法将教师职业道德评价的巨大作用发挥出来。

第二,当向被评价教师通报评价结果时,要允许被评价教师说明情况,尊重被评价人的意见,允许保留不同看法。道德是一种非常复杂的社会现象。自我评价与群体评价不尽一致甚至相互矛盾是正常的,也是应当被允许的。不能因教师本人对群体评价结果提出异议,就认为这个教师骄傲、不虚心、拒绝帮助。道德不能靠搞少数服从多数和强制性措施维持。只有当教师对公众舆论心悦诚服时,这种舆论才具有对行为的约束、支配作用。同时,某种行为是道德的还是不道德的,通常不是靠一次评价就能作出最终判断的。道德评价从表面看虽已结束了,实际的评价活动却仍在进行。

(三)方向性原则

方向性原则即高校教师的职业道德评价一定要保证方向明确。也就是说,高校教师的职业道德评价应该与先进文化的发展方向保持一致性,要对学校教育目标的实现有着重要作用,使学校树立明确的办学方向,从而推进教育的发展。如果方向不明确,偏离党的教育方针,偏离教育教学改革的客观要求和教育发展规律,背离学生健康成长的需要,教师职业道德评价就会走上歧途,失去存在的价值和意义。因此,在对高校教师进行职业道德评价时,只有对教师的思想品德、工作态度、业务水平、教书育人、教学能力和工作效绩等作出公正、准确而又全面的价值判断,才能充分发挥评价应有的导向作用。

(四)发展性原则

高校教师职业道德评价的发展性原则是指以评价对象的成长和发展为根本价值导向,在评价过程中兼顾评价对象的现状与将来,并针对评价结果,确定评价对象未来的发展趋势,实现评价与指导、培训、自我教育活动的有机结合。发展性评价的核心是强调过程性评价,避免“以点概面、以偏概全”,用静止的观点看问题的错误倾向。传统的学校管理往往过于强调评价的终结性结论,强调终结性结论评价中“优秀”“良好”各等次的比例,并以此作为教师解聘、降级、晋级、加薪和发放奖金的依据,这不仅会让教师对评价产生畏惧和不信任感,而且也容易导致教师职业道德评价流于形式。

二、高校教师职业道德评价的标准

(一)高校教师职业道德评价的基本标准

教育的发展要通过学校的发展来实现,学生和教师的成长也需要以学校为依托。学校无小事,事事皆育人;教师无小节,处处皆楷模。对于一个学生的成长而言,任何教师的劳动都只是浇了有限的一瓢水,培了有限的一铲土。凡是完成了应该承担的教育职责,有利于实现学校发展利益和需要的行为,就是道德的教育行为,应予以肯定、鼓励和宣传;反之,则是不道德的教育行为,应予以否定、抵制和反对。当然,这里的学校发展利益是整个社会的教育发展利益,不是违背教育方针的片面的、狭隘的学校小团体利益。

(二)高校教师职业道德评价的根本标准

高校教师职业道德必须与教育发展情况相符合,把是否有利于教育发展作为高校教师职业道德评价的根本性标准。我国正在进行的基础教育课程改革,强调要改变传统课程过于注重知识传授的倾向,使学生形成积极主动的学习态度,在获得基础知识与基础技能的同时,培养学生的社会责任感、创新精神、实践能力以及科学素养、人文素养和环境意识,使学生获得健全的人格。因此,使学生得到全面发展的教育理念成为新课程教育理念的核心。与此相适应,这一理念也应该成为高校教师职业道德评价的出发点和归宿。也就是说,凡是能促进学生全面发展的教育行为就是善行;反之,不利于学生全面发展的教育行为就是恶行。教师要促进学生的全面发展,就要改变陈旧的教育观念,树立富有时代精神的现代教育观,包括现代教师观、现代教学观、现代学生观、全面发展的质量观、现代教育的价值观、全方位发展的知识观以及为人师表的行为举止观。

第三节　高校教师职业道德评价的形式与方法

一、高校教师职业道德评价的形式

（一）教育习俗评价

教育习俗是指一定的民族、社会的教师群体，在不断的发展中形成的普遍的、世代相传的教育行为方式与社会倾向。教育习俗具有三个显著特征。

1. 稳定性

教育习俗历史悠久，在历史发展过程中与社会政治、经济、文化和人们的社会心理紧密结合，形成了教育习俗的稳定性。

2. 群众性

教育习俗是一种群众性的、自发的、广泛的心理特征和行为准则。

3. 两重性

教育习俗既有进步的、积极的传统观念，又有不合时宜的消极观念。如古人倡导的“学而不厌、诲人不倦”“因材施教、循循善诱”“学思结合、学以致用”“以身作则、知行合一”等传统教育观念，有利于推动高校教师职业道德的进步和社会的发展；而对那些消极的思想观念，必须充分认清其危害，消除其影响。

（二）社会舆论评价

这里所说的社会舆论是指人们以高校教师职业道德的原则和规范

为标准,对高校教师的职业道德所进行的议论和评判。

社会舆论可以分为两种类型。一种是自觉的、有组织的社会舆论,称为正式的社会舆论,常以国家组织、新闻媒体为依托,有意识、有目的地营造某种社会舆论,如公开表彰优秀教师,报道教书育人的先进事迹等。另一种是非正式的社会舆论,也就是街边小巷的谈论,是在小范围内形成的一种舆论形式。这种舆论形式是人们遵照一定的传统习惯、生活经验诞生的,并未形成特定的宣传工具与组织,所表达的议论、看法等往往都比较零碎、分散,很难构成体系。

社会舆论能够反映出教师与学生、他人之间存在的道德关系,有助于调节教师的道德行为。同时,社会舆论还起着很好的监督作用,不仅对每个教师的行为进行监督,还有助于对学校、教育机构等进行监督。另外,社会舆论是基于一定的价值观念建立起来的。正确与错误、进步与落后的议论同时存在于社会舆论之中。舆论的混杂给教师职业道德评价带来一定的困难,这就要求有关部门对舆论给予严格的区分,对社会舆论加以引导,批评和抵制错误舆论,弘扬和扶持正确舆论。

(三)内心信念评价

内心信念是高校教师职业道德情感、职业道德认知的统一,是高校教师职业道德选择的一种助推力,对高校教师判断行为善恶起着非常重要的作用。同时,高校教师内心信念又影响着个体的职业活动,是教师精神生活的一种导向,推动着教师不断履行道德义务。内心信念在人们内心中是一定要遵守的、并在人们的道德意识中根深蒂固的理想与原则等。教师的内心信念是教师发自内心的一种对教师职业道德形成的内心信仰,并根据这种信仰产生的一种责任感。

(四)发展性评价

发展性评价是一种面向未来的评价方式,是根据评价目标,重视过程并及时反馈的一种形成性评价手段。发展性评价要求高校教师在宽松的环境中,用发展与动态的眼光来评价高校教师的职业道德水平,强调教师将现有表现与传统表现进行对比,对不同阶段的教师进行针对性的评价。发展性评价的一个突出特点在于对教师的个体差异是非常关注的，并根据教师的个体差异确定评价标准与评价方式。因此，应该凸显高校教师在评价中的地位，鼓励教师参与制定评价指标，从而判断教师职业道德评价的具体内容。

（五）终结性评价

终结性评价是一种对高校教师的职业道德结果的评价，是在教学结束之后，对高校教师道德水平的实现情况所进行的评价。因此，其又可以称为“总结性评价”。实际上，这意味着对高校教师某一阶段的情况进行考核，这一阶段的成绩可以成为教师队伍建设的主要参考。更为重要的一点是，教师能够从中看出自身职业道德素质的提高情况，以及他人对自己的评价与接纳，从而鼓励自己更上一层楼。

二、高校教师职业道德评价的方法

（一）定性评价法

由于高校教师职业道德的特殊性，作为评价依据的行为动机、行为效果、行为目的和行为手段等很难进行量化。在这样的情况下可以运用定性的分析方法。

第一，对高校教师的行为进行描述性的分析，指出其错误所在与危害，制订矫正行为的具体方案，即有针对性地提出改进性意见与建议。

第二，根据高校教师的不良职业行为在其职业道德品质中所占的地位，就该行为对其职业道德品质的影响程度作定性评估。

第三，对该教师的总体职业道德品质确定等级。应当说明的是，确定教师职业道德水平所达到的具体等级并不是必要的，如果不是为了评比或奖惩提供依据，可以省略这一环节。

对高校教师职业道德进行定性分析，其具体方法包括活动观察法、典型行为分析法、访谈法、开放式问卷调查法、听课考察法、情景测试法、意见征询法及非正式交流等[①]。

(二)定量评价法

运用定量方法进行评价的关键在于指标是否细化、指标体系是否明确、各项指标占有的权重的分配是否合理。虽然高校教师职业道德评价应该遵循全面性原则,但是这并不意味着所有的评价要素不分重点与非重点,也就是说要分清主次。因此,在进行高校教师职业道德评价时需要谨慎思考哪些是主要部分,哪些是次要部分。

(三)自我评价法

1. 参照法

参照法是以别人对自己的评价为参照点的评价方法。比如,由于自身的行为符合师德规范,常受到同事、领导、学生及家长的肯定和赞扬,高校教师就可以通过赞扬的来源、广度和连续性,获知他人对自己的评价是好的、比较好的或很好的;相反,如果听到的多半是同事、领导、学生及家长的批评或不满,就可以推知别人对自己的评价是一般的或不好的。参照法以别人对自己的评价为一面镜子,从他人对自己的评价中看到自己的形象,为自己分析和评价自己提供基础。

2. 期望比较法

高校教师职业道德的评价最终取决于自身的期望,即自我期望。这是因为,只有高校教师对自身的职业道德水平提升存在期望时,才能够有更好的师德表现。因此,期望比较法是高校教师职业道德发展的重要方法。

3. 水平对比法

水平对比法即通过将学校中与自身条件、地位类似的教师进行比

① 朱平.高等学校教师职业道德概论[M].合肥:合肥工业大学出版社,2009:177-178.

较，来认识自己与他人之间存在的差距，以及他人对自己的评价与他人对其他人的评价的关系。

4. 量表自评法

由教师自行设计一张听取意见的表格，主动要求学校领导、同事或学生对自己的师德评出等级，并根据不同的等级所得的分数进行比较，然后得出他人对自己师德修养情况的评价。

（四）五层次评价法

美国肯塔基大学教授托马斯·R. 古斯基以柯克帕特里克四层次培训评估模型为基础，在教师职业道德评价领域对该模型进行了应用与调整，构建了教师职业道德发展活动效果评价的五层次评价法，简称"五层次评价法"。这一评价法为全面收集、描述具体职业道德水平发展活动的实际效果提供了理论图式的操作思路，其中五个评价层次既可以联合起来使用，又可以独立使用，能够为实践者全面收集、描述教师职业道德发展活动的实际效果或某方面的实际效果提供切实可行的指导。

1. 基本内容

古斯基认为，教师职业道德水平发展是指增进教育者专业知识、技能和改善教育者态度的过程和活动，包括各种外部培训活动、基于教师工作现场的活动以及个体自主活动等。古斯基的五层次评价法的基本内容包括以下几个方面。

（1）学员的反应

所谓学员的反应，顾名思义就是学员对自己所参加的职业道德发展项目是否有兴趣。这方面的评估一般包括三大领域：教师职业道德发展的内容问题、过程问题和场景问题。在学员结束一个阶段或一定时期的学习之后，通过发放评价表的形式来收集学员的反应信息。对这些信息收集和整理可以得知学员在学习过程中发生了什么以及为什么会发生这些，由此为高校教师职业道德发展活动的改进提供切实的理论指导。

（2）学员的学习

对这方面的评估主要是学员通过一定时期的学习之后是否可以带

来知识、技能、信念、态度等层面的变化。对这些信息的收集方式是多样的，如案例、评价表、模拟与示范、学习日志、纸笔测量、访谈、反思日志等。

（3）组织的支持和变化

这方面主要是对一些特定专业活动进行审查，涉及内容如下。

第一，组织的政策方面。

第二，组织的资源方面。

第三，组织活动不受干扰方面。

第四，实验的开放性方面。

第五，合作支持方面。

第六，校长支持方面。

第七，高层次管理者的支持与领导。

第八，时间上得到保障。

对上述层面信息的收集方式同样是多种多样的，可以采用记录分析、个人学习记录、问卷、观察、反思日志、访谈、档案袋等。这些信息的收集可以准确记录组织的发展状态，帮助职业道德的发展活动取得重大进步。

（4）学员对新知识和新技能的应用

古斯基认为，想要取得评价的最终成功，需要面对的挑战有四个方面。

第一，使用刚习得的知识与技能展示自身的行为表现。

第二，在对相应的行为指标进行确定时，必须明确所习得的知识与技能在表现层面上的量（应用的频率和规律）与质（应用的恰当性与充分性）的维度。

第三，确保应用新技能、新知识的时间是充分和满足的。

第四，应用新习得知识与技能的环境必须是适应的。

对这方面评价的目的主要在于审核学员是否可以将自己刚习得的知识与技能运用到实践中去，或者通过学习新知识和新技能是否可以改变自身的教学理念。

（5）学生的学习结果

展开高校教师职业道德发展活动的最终目的就是学生的学习。对这方面评估主要是审查学员通过改变自身的行为而对学生所带来的多种影响。也就是说，高校教师通过参与职业道德发展活动之后是否可以为学生的学习带来具体的、正面的影响，能够让学生受益，能提高学生的学习成绩。同时，高校教师职业道德发展活动之后能否改变学生的学习行为，能否改变学生的学习态度、学习观念等，这些都是需要评估的内容。

上述五个层次都代表了评价过程中一个独一无二的维度，都提供了重要信息。它们由简单到复杂，后一个层次的建立都以前一个层次为基础。

2. 评价特点

古斯基的五层次评价法的主要特点与柯克帕特里克的四层次培训评估模型相比较，区别具体体现为以下两点。

（1）增加了“组织的支持和变化”这一层次

古斯基通过大量的研究，在总结柯克帕特里克的四层次培训评估模型的基础上，增加了一个层次：组织的支持与变化，这与柯克帕特里克所提出的评估模型是明显不同的。之所以增加这一层次，古斯基认为有如下两点原因。

第一，任何专业方面的发展想要取得成功都离不开系统方法的支持，更离不开个人以及组织等多个层面的协同合作。除非强调各个因素之间的相互作用与支持，同时突出个人与组织的变化，否则其中一个因素取得成绩之后往往就会被另一个因素中所出现的问题所掩盖。对这方面信息的收集，可以有效记录组织的变化状态，有助于人们表述可能导致职业道德发展活动没有取得成功的原因。

第二，组织对教师职业道德发展的各个要素都会产生或多或少的影响，其中具有重要作用的就是组织文化。每一所学校在自身所处的区域位置、发展过程中都形成了自身的独特文化，只有适应学校独特文化的改革才能取得令人满意的成果。

根据上述原因，古斯基提出，对于教师的职业道德发展评价而言，必须充分分析和了解教师所在的学校以及学区组织的文化内容，这是十分必要的。因为学校、学区的文化在很大程度上影响着教师职业道德发展的质量，有时候还会对教师职业道德发展活动的成败带来决定性影响。因此，在构建高校教师职业道德发展的评价工具时，需要对影响高校教师专业发展的因素进行全方位的分析和衡量，通过分析这些影响因素来开发、设置评价框架和工具，如此才能对高校教师职业道德发展的结果进行客观、准确、全面的描述。

（2）对“结果”进行了具体化——“学生的学习结果”

柯克帕特里克的评估模型针对的主要是工商业人力资源培训的评估，因而该模型中的第四个层次“结果”往往指的是企业的绩效，如提高劳动生产率、降低成本、减少事故、提升士气等。对于教师职业道德发展的评价而言，最终目的在于有效提高学生的学习水平，所以学生的学习结果自然就成为教师职业道德发展评价的最终目标。基于此，古斯基就将“结果”改为“学生的学习结果”。可见，古斯基提出的“学生的学习结果”这一层次与教育特点是相符合的。

（五）实践式评价法

实践式评价法是美国学者马克·A.泰木普林和罗斯·保木保夫在评价教师职业道德发展项目的效果时所使用的一种评价法。

实践式评价法在看待教师职业道德发展工作时，主要把教师职业道德发展工作看成一个不同作用者（包括教师职业道德发展的促进者、参训者等）间的协商性行动与权力关系的联合。因此，在这种评价法中，评价者把对职业道德发展方案质量的评价视作两个相互联系的评价问题。第一，参训者在协商性行动中的实际参与是什么？第二，不同作用者间的权力关系是支持还是阻碍了参训者的实际参与？也就是说，在这种评价法中，评价者的重点是要理解参训者在协商项目参与中所采取的实际参与行动，以及促进或限制这些参与行动的权力关系。

实践式评价法重视预设目标的价值，但并不意味着这些目标神圣不可侵犯。在职业道德发展的作用者通过合作使具体目标适应地方状况的过程中，预设的目标仅仅提供了方向与指导。尽管同一职业道德发展项目的作用者不同，然而满足地方需要的反思性实践总是可以回溯到预设的目标。在实践式评价法中，重视具体情境的价值，同时对教师职业道德发展活动的促进者与他们之间的权力关系保持深深的警醒，这种方法受到了批判主义哲学的深刻影响。

（六）综合性评价法

综合性评价法多以美国著名教育评价专家斯塔弗毕姆及其同事于

20世纪60年代末70年代初确立起来的CIPP评价法为基础,同时综合运用泰勒评价法以及柯克帕特里克四层次评估模型中的有关原理而形成的。这里简要介绍一下斯塔弗毕姆等提出的CIPP评价法。在这种方法中,评价被理解为"提供有用资料以作决定的过程"。就一项方案的执行而言,大致需要四种决定:规划性决定,即指向确定方案目标的决定;结构性决定,即指向修改方案或比较方案优劣的决定;实施性决定,即指向方案具体实施的决定;考核性决定,即指向判断方案最终实施结果的决定。对应四种决定的是四种方案评价,即背景评价、过程评价、输入评价和成果评价。取这四种评价的英文首字母,即形成所谓CIPP评价法。

1. 背景评价

所谓背景评价,即对方案的背景、目标的依据所展开的评价。这种评价的功能主要体现在方案场所的确定与实施、目标与方针的建立。评价的具体内容如下。

特殊情况中是否存在一些特殊的需求?

特殊需求是否具有非常重要的特性?

这些特殊需求的满足需要克服什么样的困难?

满足这些特殊需求的方式有哪些?

方案的目标反映这些需求的程度如何?

怎样调整方案目标以真正满足特定需求?

其方法包括系统分析、调查、文件探讨、听证会、访谈、诊断性测验等。

2. 过程评价

所谓过程评价,即对已经确定的方案所实施的具体评价。这种评价的功能主要是有效改善方案的程序以及设计,为研究者提供一份真实的方案实施过程的记录,从而为以后提供理论参考。其主要内容如下。

方案的实施过程如何安排?

是否按照原来的计划实施与安排方案?

方案的有效资源是否得到了充分利用?

方案的具体执行情况是怎样的?

方案需要修正的理由是什么?

方案参与者在实践过程中的角色是否得到了充分发挥?

方案在具体实施过程中与原计划存在哪些出入?

在实施方案的过程中经费是如何支出的?

方案的参与人员以及评价人员对方案的整体评价是怎样的?

其主要方法包括:追踪活动中可能出现、存在的障碍,并对意料之外的障碍保持警觉;描述方案实施的真实过程;与方案工作人员不断沟通并观察他们的活动。

3. 输入评价

所谓输入评价,即针对能够完成目标的一些方案进行考察,明确这些方案所具有的优点与缺点。这种评价的功能在于从众多的方案中选出一种最佳的方案,从而避免将大量的人力、财力、物力浪费在一种不适合的方案中。其主要内容如下。

众多方案中,哪一种方案的人员、程序、经费方面的设计与目标的实现更加符合?

除了被一致认同的方案之外,还有哪些方案是可以替代的?

为什么会选择当前的这一方案?

这一方案的策略如何设计与实施?

这一方案的经费以及实施过程如何安排?

其主要方法包括:将现有的人力、物力、解决策略及程序设计列出清单,并分析其适切性、有效性及经济性;考察几种可供选择的方案;考察获得成功的类似方案;采用小型实验室的方法,选出最佳实施策略。

4. 成果评价

所谓成果评价,即对一个方案实施之后所取得成果的测量、判断、阐述。这种评价的功能在于明确方案符合目标需求的程度,考察方案的最终效果,其中不仅包括预期效果,还包括非预期效果,以及正面的和非正面的效果。主要内容如下。

方案实施与结束之后是否满足了预期的目标?

方案实施之后产生的预期效果有哪些?

方案实施之后产生的非预期效果有哪些?

方案实施之后产生的正面效果有哪些?

方案实施之后产生的负面效果有哪些?

方案参与人员对方案的最终结果作出什么样的判断?

方案实施者的受益程度如何?

方案的结果信息与方案的背景、输入、过程信息有怎样的联系?

其主要方法包括:对结果的标准给出一个操作性定义并对之进行测量;收集与方案有关的各种人员对结果的判断;对结果进行质与量的分析。

第七章 新时期教师职业道德建设的发展

当前，我国正在深化教育体制改革，各个方面、不同层次的教育改革举措不断推出，以期解决我国教育现实中的诸多问题，使我国各层次的教育水平不断提升，使我国的教育更加科学和有效。

第一节 高校教师职业道德建设的现实审视

一、高校教师职业道德现状

(一)高校教师职业道德主流状况及原因

1. 高校教师职业道德主流状况

我国高等学校教师职业道德的主流和整体状况是比较好的。这主要可以从以下三个方面入手进行分析。

第一,高校教师的政治思想素质和师德水平从整体来看是比较好的,教师队伍的精神状态佳。虽然现在高校教师的队伍结构在年龄和学历上都有了很大的调整和变化,但年轻的教师表现出来的热爱职业、思想觉悟等方面都有显著的进步,师德状况良好。随着国家对高校教育事业的重视和投入,高校教师成为当前高级知识分子热衷的职业,高校教师绝大多数人热爱并安心从事自己的工作。

第二,在科研水平方面,高校教师的科研意识和水平都日益增强和提高。高校教师担负着为我国社会主义现代化建设培养人才的重要职责,提高高校教师的科研水平是高校教师职业发展的必然趋势。当前,多数高校教师都能够重视科研工作,有刻苦钻研的精神,一些人的研究成果突出,逐渐成为高校学科建设的生力军。

第三,高校教师重视教学工作,态度认真,工作努力。高校教师对教学工作还是很重视的,大部分教师把教学作为教师的第一要务,教学态度端正,教学认真负责。

2. 高校教师职业道德主流状况的原因分析

第一,改革开放以来,我国取得了举世瞩目的伟大成就,生产力得到了解放和发展，综合国力日益增强，人民生活得到了较大改善，国际地位越来越高。高校的中青年教师是随着国家的改革发展成长起来的新一代教师，他们目睹并亲身体验了党的基本路线、改革开放政策的正确和英明，从内心深处拥护党的领导。因此绝大多数高校教师的政治立场、政治方向是坚定正确的，自由化思潮并无市场。

第二，近年来高校不断深化内部管理体制、人事制度、分配制度改革，引进了竞争机制，出台了吸引优秀人才提高教师素质的种种政策。还制定和实施了对教师的教学、科研、社会工作等各项工作的检查、考评以及奖惩制度，并注意加强对教师的政治思想教育和师德教育。通过教育和监督考评机制以及奖惩机制，教师队伍得到了优化，教师的职业素质日益提高，职业道德也随之得到了提高。

第三，科教兴国战略的出台，高等教育经费的加大投入，教师住房、工资等生活条件的改善，使教师的社会地位不断提高，高校教师成为一种受人尊敬和令人羡慕的职业。随着高等教育与国际接轨，高校教师出国、留学、进入高层次科研领域的机会增多，发展空间越来越大。许多博士、硕士研究生把高校作为首选职业，一些海外留学归国人员也纷纷到高校谋职。各类高学历、高层次、高素质人才给高校教师职业道德带来了许多好作风和新气象，高校教师队伍充满了生机与活力。

（二）当前高校教师职业道德存在的问题及原因

1. 当前高校教师职业道德存在的问题

虽然从整体上来说当前高校教师的职业道德状况比较好，但是依然存在着许多问题，主要表现为以下几个方面。

第一，有些教师教育思想和理念落后，教学内容陈旧，教学方法呆板僵化，教学质量亟待提高。部分教师缺乏现代教育思想和理念，在授课时照本宣科，缺乏独立见解，知识更新慢，缺乏时代精神。有的教师知识结构不太合理，比如理工科教师对社会科学、人文科学知识了解很少，而文科教师对自然科学知识极其贫乏。高校一部分教师的教育思想和理念、知识结构、教学内容和方法已经不能适应现代高等教育发展的需要，更新教育观念、改造知识结构、改革教学内容和方法、提高教学质量成为高校教师职业道德建设中亟待解决的问题。

第二,教师的政治思想觉悟与职业道德水平还有所欠缺。虽然多数高校教师能够履行教学职责,忠诚于人民的教育事业,但是也有小部分教师受到“一切向钱看”的拜金主义和个人主义思潮的影响,在理想和信念方面产生了动摇,缺乏敬业精神,不能把主要精力放在教学上,而是放在“捞外快”或者其他方面,对教学任务敷衍,影响了对学生的创造力的培养,产生了一些不良影响。

第三,有些教师科研意识不强,科研能力较差,科研质量不高。近年来随着高等教育改革的不断深化,大多数教师对科研工作越来越重视,科研比较主动自觉,但是也有一部分教师科研意识不强,认为教好书上好课就行了,科研工作比较被动消极;有的人虽然有科研意识和紧迫感,但由于长期不搞科研,缺乏积累,科研能力差,科研不能上路;还有少数人承认自己搞科研是迫于学校考评和评职称的压力,完全是出于无奈,认为这样的科研是制造文化垃圾,浪费时间和精力,对学校强调科研和以科研为标准的考评有抵触情绪。

2. 当前高校教师职业道德存在问题的原因分析

第一,市场经济的负面影响。改革开放和市场经济的深入发展,带来了整个社会的勃勃生机,但市场经济的负面效应、西方价值观和人生观的渗透和影响,也滋生了个人主义、拜金主义、享乐主义的不良倾向。大学不是世外桃源,这些不良倾向对大学教师有不同程度的影响,出现了种种职业道德缺失的情况。

第二,政治上不够成熟。改革开放打破了人们在长期计划经济体制下形成的僵化教条的思维模式,也打破了过去形成的带有虚幻色彩的社会理想模式和人生信念设定,这是社会进步的表现。有些高校教师却因为否定这种社会进步,不关心政治,理想信念淡漠,不能正确认识社会上存在一些不合理现象,表现出了其政治上的不成熟。

第三,职业道德教育与训练不落实、不到位。许多教师认为学校只是口头上重视教师职业道德,但没有切实有效的方法和行动,这方面的工作仅限于开会讲讲、会后谈谈,对教师没有实质性的触动。高等学校领导对职业道德教育与训练不重视、不落实、不到位,是教师职业道德产生问题的一个重要原因。另外,师德教育理念落后,内容陈旧,方法老套,缺乏针对性和时代气息,也是影响高校教师职业道德提高的一个重要原因。

二、高校教师职业道德面临的挑战和要求

新时代国内外政治经济的新格局以及高等教育的改革和发展，对我国高校教师的职业道德提出了尖锐的挑战。高校教师如何应对挑战，更新职业道德观念，改造职业道德内容，探索新时代高校教师职业道德建设的规律和途径，成为当前高校教师职业道德建设面临的一项新课题。

（一）社会主义市场经济对高校教师职业道德的挑战和要求

市场经济目标模式的确立，不但带来了经济社会的巨大变革，而且引起了高等教育以及高校教师职业道德的深刻变化。新旧体制的转换所引起的高等教育改革以及新旧道德意识的碰撞，使高校教师的价值观念和道德意识多元化、复杂化。高校教师传统的职业道德面临着市场经济的挑战，整个职业道德正在也必将在市场价值体系主导下整合与重建。

1. 社会主义市场经济要求高校教师具有与市场经济相适应的思维方式和思想理念

第一，高校教师必须破除封闭保守的思维方式，树立开放性的思维方式，放眼世界，立足市场，了解市场经济对高等教育和人才规格的要求，与外部世界积极沟通交流，不断吸收借鉴各种资源和营养，以适应社会主义市场经济对高校教师职业素质的要求。

第二，高校教师必须具有竞争意识，必须彻底改变安于现状、故步自封、不思进取、害怕竞争的思想和心态，从思想意识、心理状态等方面培养竞争意识。高校教师要紧跟时代的步伐，及时吸纳新知识，不断改善知识结构，苦练内功，提高教学科研水平，增强自身竞争力，积极参与竞争，创造出最好的工作业绩。

第三，高校教师必须具有创新意识和能力，必须具有批判精神、探索精神和超越精神。在教学上要勇于改革创新，不断吸收国内外新知识、新理论、新成果，调整知识结构，改革教学内容和方法，把最新的知识和学术前沿研究传授给学生；在科研上则要追求真理、勇于探索，解放思想、开拓创新，力争原创性和高水平研究，力戒炒冷饭和低水平重复。有创新精神的教师，才能培养出具有创新意识和创新能力的人才，才能适

应市场经济对创新型人才的需要。

第四，高校教师必须具有法律意识和能力。知法守法、依法执教不仅是社会主义市场经济条件下高校教师的职业责任，更是高校教师应履行的职业道德。高校教师必须努力学习各种法律法规，做到知法懂法；更要在职业实践和社会实践中遵纪守法，依法执教，认真履行法律义务，同时保护自身的合法权益。高校教师特别要注意加强对学生的法律教育，提高学生的法律素质。

2. 社会主义市场经济要求高校教师必须警惕市场经济的负面影响，恪守职业道德

第一，在市场经济条件下高校教师必须加强对市场经济内在规律的认识，坚定职业理想和信念，树立正确的利益观和职业价值观，增强社会责任感，自觉抵制拜金主义、个人主义的腐蚀。

第二，高校教师必须加强道德修养，诚信为本，求真为怀，反对学术腐败，公平参与竞争。

第三，在服务社会以及与市场经济接轨的过程中，高校教师必须严格要求自己，恪守职业道德规范，谦虚谨慎、清正廉洁、团结协作、无私奉献，表现出高尚的职业道德素质。

3. 社会主义市场经济要求高校教师适应市场对人才的需要，积极投入学科和课程体系改革中

知识经济时代的到来和社会主义市场经济体制的建立和发展，使社会对人才规格和能力素质提出了全新的要求。高等学校承担着为社会主义市场经济输送人才的重要职责，高校教师必须适应社会主义市场经济对人才的需要，积极投入学科和课程体系改革，为社会主义市场经济的发展提供优秀的人力资源。社会主义市场经济的确立和不断发展，使人才培养模式和学生就业方式都发生了很大变化，也对高校教师职业道德提出了新的要求和尖锐的挑战。为了培养适应社会主义市场经济发展所需要的各类人才，提高学生在市场经济中的竞争实力，高校教师必须了解和研究市场经济的特点以及对人才规格的要求，必须按照市场经济的规律进行学科专业和课程体系的调整改革。

第一，在知识结构方面，教师要根据市场经济的需要进行知识结构的调整，努力学习和补充市场经济的相关学科知识。

第二，在教学改革上，要适应市场经济对人才的需要改革课程体系，更新教学内容，使之在体系结构上更趋于科学性、合理性，在内容上更体现时代性、发展性，在功能上更具有创造性、适用性。

第三，在学科建设上，有基础、有能力的教师要积极改革旧的学科和专业，积极投身于应用学科、高新技术学科和边缘交叉学科的建设，通过学科建设和专业改造、学科交叉和专业渗透，促进教学改革和人才培养更能适应社会主义市场经济对人才的需求。

总之，高校教师必须认识社会主义市场经济对人才规格的要求，积极投身于学科专业和课程体系的改革中，投身于教学内容和方法的改革中，努力培养出在市场经济中有竞争实力的优秀人才。

（二）经济全球化对高校教师职业道德带来的挑战和要求

经济全球化目前已经成为世界经济发展的趋势，也是各国经济发展依赖的外部环境。经济全球化不仅给人类的经济发展创造了条件和机会，也给经济发展带来了前所未有的挑战和风险。经济全球化对我国高等教育的影响是十分深刻的，它给我国的高等教育带来了发展的大好时机，同时又提出了尖锐的挑战。经济全球化所带来的高等教育国际化发展，强烈冲击着传统的高校教师职业道德，要求高校教师从职业理念、职业目标、职业技能等各方面改革原有的职业道德，树立与高等教育国际化发展相适应的新的职业道德体系。

1. 经济全球化要求高校教师必须破除封闭保守的教育思想和理念，树立开放的国际化的教育思想和理念

高等教育国际化趋势要求高等学校和教师必须认识到，高等教育国际化同经济全球化一样，是不以人的意志为转移的客观规律，是不可抗拒的世界潮流，任何国家在这股世界潮流面前都不可能完全孤立地办学和发展。高等学校及其教师必须具有国际化的理念和开放的意识，必须具有国际化的视野和胸怀。各类大学都应该树立国际化的思想和理念，重点大学应该有创办国际化大学的奋斗目标和决心，要有强烈的国际定位意识，要在世界高等教育中争得一席之地，为国争光，为民族争气；普通大学也必须以积极开放的姿态参与国际交流，要根据自己的特色和优势制定实施国际化发展的战略，探索出一条适合自己的国际化发展道

路。高校教师则要努力破除封闭保守的思想，改变墨守成规、不思改革、故步自封的心态，要开阔眼界努力学习，提高对高等教育国际化发展战略的理解和认同，树立开放的国际化的教育思想和理念，以积极主动的姿态迎接和投身于高等教育国际化的潮流中。

2. 经济全球化带来的高等教育的国际化发展，要求教师必须积极参与国际合作与交流，体现优良的学风和国格、人格

经济全球化使以民族国家为基本单位的教育体系正跨越民族文化和国家的边界日益联结成一体，相互的交流与合作已经成为一个国家的教育健康发展必不可少的条件。经济全球化带来的日益扩大的国际交流与合作，对高校教师职业道德提出了新的要求。

第一，要求高校教师积极争取并珍惜出国学习交流的机会。高校教师都要努力学习外语，学习专业新知识，积极创造条件，争取出国学习深造的机会。出国的教师要珍惜良机，充分利用国外优越的资源和环境条件，刻苦学习、认真钻研。在学习研究中特别要注意遵守学术道德和学术规范。

第二，要求高校教师尊重国外同行专家和学者。在与国外专家学者交往中要尊重他人、谦虚谨慎，但是不能迷信权威、畏首畏尾；要尊重他人的宗教信仰、民族传统和道德风俗，同时要有爱国主义精神，维护自己的尊严，要有高尚的国格和人格。对来我国学习的外国留学生，教师要认真教学、诲人不倦，要体现中国高校教师良好的职业道德风范。

第三，在涉外活动中要遵纪守法、清正廉洁。留学国外、合作项目、接收留学生都会涉及一些经费、基金、课题费、学杂费等经济和费用问题。在处理经济问题时，每一个教师都要严格按有关规章制度和管理程序办事，要加强思想警戒，保持清正廉洁，决不可违法乱纪、贪污盗窃、从中渔利。在与外国人交往中亦不可贪图小利而失掉国格和人格。

3. 经济全球化要求高校教师改变传统的育人目标，树立国际化的人才培养目标

在经济全球化的综合国力竞争中，人才处于关键性的地位，谁拥有数量多、质量高、创新能力强的人才，谁就处于竞争的优势地位。人才是教师职业道德的直接作用者和受众，参与国际竞争，必须培养具有国际竞争能力的优秀人才。因此改变传统的育人目标，确立国际化的人才培

养目标，成为高校教师职业道德更新的重要内容。

第一，教师必须具有强烈的爱国主义精神和民族精神，要有振兴中华、赶超世界先进水平的志气，要有高尚的国格和人格，并以这种爱国主义精神教育学生、感染学生，使学生在国际化的人才竞争中，具有坚定的民族立场，具有高尚的民族精神和国格、人格。

第二，教师必须具有能与国际高等教育接轨的知识结构和专业水平。国际化的人才培养目标要求教师积极投身于学科专业的调整和课程体系的改革中。高校教师要着眼于国际市场对人才的需要，认真研究国际高等教育学科专业设置的情况，积极参与学科专业的调整重组，加快课程体系的改革，促使课程体系从封闭型向开放型、从本土化向国际化转化，尽快建立科学、合理、有利于国际化人才培养的课程体系。国际化的人才培养标准还要求教师更新自己的专业知识，改善自己的知识结构，学习吸收国际先进的思想理论和科技文化成果，加快教学内容的改革创新；对国际通用性较强的专业课程尽量采用外国原版教材；在自己的教学内容中渗透国际政治、经济、文化、科技、人文知识等信息。

第三，国际化人才培养目标要求教师必须比较熟练地掌握 1 ~ 2 门外语；要能直接与外国人交流，要能直接阅读外文资料，获得第一手教材和资料。

4. 经济全球化下高等教育的国际化发展，要求高校教师必须弘扬民族优秀文化，反对发达国家推行的文化霸权主义

经济全球化下高等教育的国际化发展，对我国的高等教育发展既有积极促进的一面，也有与教育的局域化、本土化、民族化，与民族文化的弘扬以及国家的发展产生矛盾的一面。因此，如何妥善处理面向世界与保持中国特色的关系，如何在国际交往中弘扬中华民族优秀文化传统、反对西方文化霸权主义，成为高等教育国际化过程中教师必须认真对待的问题。

第一，保持政治上的坚定立场。高校教师必须坚持社会主义的办学方向，在多元文化的冲击下必须保持政治上的敏感性和坚定性，要坚持教书育人原则，加强对大学生正确的世界观、人生观、价值观教育，要教育学生认识西方文化霸权主义的政治目的，抵制西方不良文化的影响和渗透，坚决反对少数发达国家的文化霸权主义。

第二，高校教师应该做民族传统文化的积极传播者，自觉对学生进

行爱国主义、自强不息、勤劳节俭、艰苦奋斗、厚德载物、热爱和平的民族精神教育，大力弘扬和传播中华民族的优秀传统文化。

（三）教育现代化对高校教师职业道德带来的挑战和要求

传统教育是以农业生产力为基础的封闭的教育活动。现代教育是以工业生产力为基础的开放的、能满足全民学习需要的教育活动。教育现代化是现代生产的产物，是以政治、文化和社会的现代化为依托的。教育现代化是教育从整体上对传统教育的改革与更新，是一个深刻的革命与创新过程。高等教育的现代化主要是指教育思想理念的现代化，同时也涉及人才培养模式以及学科专业设置、课程体系、教学内容和教学方法的现代化。教育现代化挑战传统的教师职业道德，要求教师职业道德进行现代化的改造与革新。

1. 教育现代化要求高校教师首先要破除传统的教育思想和理念，实现教育思想和理念的现代化

现代教育思想是适应现代社会的发展和人的全面自由发展而确立的关于教育的基本指导思想和原则。现代教育思想是对传统教育思想的改革和超越，是一种具有现代意识且面向未来的教育思想与观念体系，主要包括以下三个方面的内容。

第一，个性化的教育思想和理念。人是世间一切因素中最宝贵的因素。人的宝贵性主要来自人的个性和创造性。不同的生长环境和生活经历赋予了每个人特有的性格气质、情商智商和潜在能力，保护每个人健康的个性并把它挖掘和发挥出来，是现代教育的职责和功能。大学是文化传播和学生个性化发展的制度化机构，教师是学生个性化发展的教育者和引导者。高校教师必须认真学习了解现代教育发展的趋势，破除计划经济体制下旧的教育思想，树立个性化的教育思想和理念，确立个性化的管理方式和人才培养模式。个性化的教育思想并非对学生的一切个性都容忍，而是对健康有益的个性要支持鼓励，使其具有探索规律、追求真理的创造意识和创新能力；对无害性个性要宽容理解，允许其存在的空间；对不健康、狭隘、自私、功利、自闭以及损害他人的所谓“个性”，要加以教育和引导，避免出现人格扭曲和人格缺陷。

第二，人性化的教育思想和理念。社会现代化和人的现代化都要

求高等教育必须以人为本，必须坚持和贯彻人性化的教育思想，必须体现对人的伦理关怀和终极关怀。人性化的教育思想和理念要求高校教师首先要努力学习现代教育思想和理论，了解现代教育的人才培养目标，理解人性化教育的必要性和重要性，破除一切以教师为中心的旧思想、旧观念，树立以学生为中心的教育主体思想，树立以人为本的教育理念。人性化的教育理念要求高校教师尊重学生的人格，维护学生的权利，在教育教学中贯彻民主平等的精神；高校教师关心学生的思想、生活、心理健康，要体现对学生的人生关怀；还要求高校教师和管理人员在坚持学校各项规章制度的同时，注重规章制度的人性化操作问题。

第三，国际化的教育思想和理念。国际化的教育理念要求高校教师具有国际化的视野，努力学习了解世界高等教育发展状况，了解本学科本专业的学术动态和学术前沿，能站在世界高等教育发展的高度来看待我国高等教育的发展，明确自己的努力方向；国际化的教育理念要求高校教师具有国际化的胸怀，珍视世界高等教育积累的成功经验，学习和吸收国外优秀的思想和文化成果，摒弃狭隘的民族文化主义观念，摒弃封闭保守、故步自封的思想；国际化的教育理念要求高校教师具有国际化的人才标准，培养出具有国际竞争意识、国际竞争能力的各种优秀人才。

2. 教育现代化要求教师实现培养目标的现代化

高等教育的培养目标是高等教育对人才种类、层次、规格和要求的质量标准，是国家总体教育目标在高等教育领域中的具体化，具有鲜明的时代特征。现代高等教育有现代化的人才培养目标，其主要特征包括以下几个方面。

第一，创新型人才。高校教师必须明确现代社会对创新人才的需求，明确自己肩负的历史使命，为培养创新型人才而奋斗。创新人才的培养是一个系统工程，它是由培养人的创新意识、创新精神、创新思维、创新能力、创新品质所构成的一个整体过程。教师要培养学生的创新意识，激励他们向创新型人才目标定向和塑造自己；要培养学生的创新精神，引导他们善于提问和质疑，勇于探索和创造；要培养学生的创新思维，促使学生形成批判性、探索性、超越性、逆向性、发散性、精密性思维；要培养学生的创新能力，让学生掌握现代科技文化和基础理论，给学生传授专业前沿的新知识、新科技，使学生具备探索创新的能力；要培养学生的创新品质，即勤奋、坚毅、刻苦钻研、不畏艰难、一丝不苟、精益求精等,努力培养出创新型人才。

第二,通专结合的复合型人才。当前现代科学技术和学科专业的发展呈现出两种发展趋势:一是原有学科和专业的分化;二是学科知识的综合化。过去我们培养的人才是单一的专门性人才,专业知识比较精深,而跨专业知识、通用性知识、基础性知识比较薄弱。这种人才适用面狭窄,不能适应现代社会对人才的需要。现代学科知识和现代社会的发展对人才培养目标提出了新的要求,即培养宽口径、厚基础,既有通用性基础知识,又有一门专门性学科知识的复合型人才。高校教师必须具有通专结合的知识结构和基本素质,必须努力学习新知识、新科技、新理论,扩大知识视野,改善知识结构。文科教师要努力学习自然科学知识,理科教师要努力学习人文社科知识,要文理相融,广泛涉猎,使自己具备培养通专结合的复合型人才的基本能力和素质。一是必须加强通识教育。通识教育是适应现代社会对人的知识、能力、情感以及心理素质的要求而形成和发展起来的区别于专业教育的一种教育,它着眼于塑造学生的全面素质,构建完善的知识和能力结构,拓展知识背景和能力基础。加强通识教育要求承担文科、理科基础课的教师,为全校学生积极开设通识课、平台课、公选课,并了解学习对象,研究教材内容和方法,补充学生所欠缺的文科、理科基础知识。加强通识教育要求承担专业课的教师,在专业课教学中渗透通识内容,培养学生科学思维以及拓展知识的能力。二是必须加强专业教育。教师的专业知识都是几年前、十几年前甚至几十年前学到的,许多知识早已陈旧老化。面对现代人才培养目标,教师必须具有扎实的专业理论基础和科学合理的专业知识结构;要了解本专业的最新成果和前沿知识,不断更新知识,补充和拓展专业知识;要明白本专业目前需要解决和突破的理论与实践问题;要熟练掌握本专业特殊的研究方法和手段等。总之,教师必须了解本学科和本专业发展的最新动态和未来趋势,把握学术前沿,积极参与专业和学科调整,积极构建新的课程体系,改革教学内容,使自己的专业教育能够适应现代社会发展对人才的需要,培养出能够适应现代社会发展的专业人才。

第三,科学素质与人文素质统一的人才。培养科学素质与人文素质统一的人才是现代高等教育人才培养模式的又一个标准。科学素质是指由科学知识、科学态度、科学思维方式等科学性因素构成的人的内在素养和品质,这是现代人应具备的基本素质,是高校教师培养人才的一个基本标准。高校教师应该通过自己的教育和教学，培养学生信仰科学、探索规律、追求真理、实事求是的科学精神；提高学生的科学文化水平和专业素质；训练学生辩证唯物的、批判创新的、综合分析的科学思维方式。人文素质是指由知识、能力、观念、情感、意志等多种因素综合而成的一个人的内在品质，表现为一个人的人格、气质、修养和道德。大学生人文素质的提高，主要是通过人文社会科学的教育熏陶，通过教师的言传身教而实现的。高校教师要主动承担对大学生进行人文素质教育的任务。文史哲以及音乐美术课的专业教师要积极承担并努力开好全校公共选修课和通识课，为提高学生的人文素质提供学科专业上的保证；专业课教师则应该在自己的教学中渗透人文知识和人文精神教育，挖掘本专业和教材中的人文背景、人文知识、人文精神，激发学生对社会发展规律的认同，对高尚人格、美好道德的向往和追求；更重要的是教师本身要提高自己的人文素养，以广博的人文社会科学知识，以崇高的理想信念，以良好的道德修养、人格品质、审美情趣、民主平等和团结协作的精神以身示教，对学生进行人文精神的熏陶和传习。为此教师必须提高自己的人文素养，加强道德修养，做到学为人师、行为人范，真正承担起教书育人的职责。

3. 实现教学体系的现代化

教学体系的现代化是指学科专业设置、课程体系、教学内容和方法的现代化。教学体系的现代化是新时代高校教师职业道德建设中十分艰巨的一项任务。教师以传授科学知识为己任，教师的专业素质、水平和能力是职业道德的重要组成部分，是教师职业道德得以实现的依据和内在功力，没有精湛的业务水平，没有熟练的专业技能，实现自己的职业理想、完善自己的职业道德就是一句空话。因此掌握现代教学知识体系，具有现代教学技能和方法，是高等教育现代化对教师职业道德的基本要求。现代化的教学体系主要包括以下几个方面。

第一，课程体系的现代化。学科专业的调整必然要求课程体系的相应变化和调整。课程体系是由学科和专业的性质、任务、育人目标所决定的。围绕其性质、任务、育人目标设置了由专业基础课、专业必修课、专业选修课、专业提高课、专业研究课组成的相互联系、循序渐进、不断深化的课程体系。课程体系的现代化改革涉及每一个教师，高校教师职业道德要求每一个教师都要积极投身于课程体系的现代化改革，该淘汰的课程坚决放弃，该改造重组的课程坚决改造重组，该探索研究的课程一定要努力探索、勇于创新。教师要着眼于现代社会对人才的需要，不断改革、与时俱进，改造旧的课程体系，开设新的课程，跟上教学体系现代化的进程。

第二，学科专业的现代化。高等学校的学科专业是根据社会分工和科学知识的分类而设置和确立的，每一学科和专业都对应着某种特殊的科学知识体系，对应着某种人才培养规格。随着市场经济和高等教育国际化发展战略的确立，原有的学科专业设置已不能适应现代社会发展对人才的需要，调整改造传统的学科专业体系，淘汰陈旧过时的专业，创建现代新兴学科专业体系，成为教学体系现代化的首要任务。为此，高校教师要理解学科专业现代化的意义，并从育人目标、社会发展的高度看待学科专业调整，努力学习新知识、新科技，了解新学科、新专业，积极投身于专业学科的调整重组，使自己的教育教学与学科专业现代化接轨。

第三，教学内容的现代化。专业学科的人才培养目标是通过每一门课程的教学内容来贯彻实施的。高校的每一门课程都承担着传授知识、创新知识、培养人才的任务。高校教师要主动自觉地投身于教学内容的改革，认真清理和审视自己原有的课程内容，淘汰和更新陈旧的内容，要反映现代科技发展的新成果，借鉴国际先进的教学资源。如有可能，要使用国外优秀的原版教材。众所周知，每一门课程的教学内容都是教师长期教学实践和教学研究积累的成果，融入了教师多年的心血和劳动，有的已经成为一种教学习惯和思维定式，进行现代化的教学改革和改造不是一件简单和轻而易举的事情。因此高校教师一定要充分认识教学内容改革的重要性，下定决心克服困难，把教学内容的现代化改革进行到底。

第四，教学方法的现代化。当前，信息技术以其迅猛异常、势不可当的气势，在教育科技和教学方法方面显示着独特的优势。面对网络技术的种种优势，高校教师具备利用计算机获取信息、处理信息，并将信息技术整合到教学中的能力，成为信息时代合格教师的一项重要职业素质。为此，高校教师必须努力学习计算机技术，掌握有关计算机的各种知识技能，将现代教学方法运用到教学工作中去，促进教学质量的提高。从职业道德的角度看，计算机技术的使用和网络教学的开展实际上大大增加了教学工作量，增加了教师的工作负担，诸如电脑课件的制作、网络教学的设计、信息资料的提供、问题的解答、难点的探讨都要付出大量的时间和精力,因此现代化的教学方法要求教师具有敬业勤业、对学生高度负责、对教学精益求精、不辞辛苦、不计报酬的良好职业道德。

(四)当代大学生现状对高校教师职业道德的挑战

高校教师是高等教育的主体,肩负着教育培养大学生的社会职责。大学生是青年中的佼佼者,是国家的未来、民族的希望。但是大学生涉世不深、缺乏经验,政治思想、心理人格尚不完全成熟,需要教师从各个方面给予引导和帮助。

1. 大学生的道德状况要求高校教师必须加强对学生的道德教育,把学生培养成具有社会主义公民道德的现代道德人才

当代大学生是在我国实行计划生育国策以后出生的,是在改革开放和市场经济的社会环境下长大的,又是在应试教育的指挥棒指导下考入大学的。应试教育中人文教育的缺失,市场经济中的负面影响,对外开放中西方的人生观、道德观和腐朽生活方式的渗透等,都对他们的道德品质、道德人格造成了不良影响。比如,有的人以自我为中心,个人主义思想严重;有的人无组织,无纪律,自由散漫,不愿受约束。当代大学生的道德缺失状况令人担忧,加强对大学生的道德教育成为高校教师职业道德中一项十分重要的任务。

高校教师必须明确现代社会对人才道德素质的要求,树立教书育人的教育观念,自觉承担起对学生进行思想品德和道德人格教育的重任。教师要以身作则,加强道德修养,完善道德人格,以自己关心集体、尊重他人、克己奉公、助人为乐、敬业勤业、淡泊名利、谦虚谨慎、团结合作、艰苦朴素、清正廉洁的优良品质和道德人格影响和感染学生。针对大学生诚信道德缺失的状况,教师要特别加强对学生进行诚信教育。高校教师要在学生实习、军训、社会实践、社团活动等各种课外活动中,注意了解学生的思想道德动态,及时发现问题,有针对性地进行道德教育,帮助学生克服缺点,纠正错误,培养良好的道德品质。

2. 大学生的政治思想状况要求高校教师必须加强对大学生的政治思想教育，引导学生树立正确的政治观

当代大学生继承和发扬了中国大学生的光荣传统，表现出良好的政治思想素质。但是，他们毕竟年轻，政治上还有许多不成熟的地方。在经济全球化、政治多极化的国际新形势下，大学成为西方政治文化、哲学思想传播的主要场所。随着对外开放的深入发展，特别是随着媒体信息的广泛传播，西方国家的政治观、人权观也不断向我国渗透。在此影响下，有一些大学生在政治方向、政治观点方面出现了一些不容忽视的问题。比如，有的人缺乏马克思主义基本理论素养，缺乏理想信念和正确的政治方向。这些情况对高校教师道德素养提出了新的要求。

第一，高校教师要认清国内外的政治形势，要有高度的政治责任感和政治觉悟，充分认识对大学生进行政治思想教育的重要性，主动承担起对大学生进行政治思想教育的重担。

第二，教师本人要具有良好的马列主义理论素养，具有科学的世界观、高尚的人生观、正确的价值观，具有爱国主义、集体主义精神，并以自己坚定的政治方向、政治立场教育引导学生，以自己鲜明的政治态度、政治觉悟感染学生。

第三，高校教师要坚持教书育人的原则，将政治思想教育寓于教学活动中。

3. 大学生的心理状况要求高校教师必须关心大学生的心理健康，促进大学生健康心理和健康人格的发展

大学是社会的缩影。大学生由于种种主客观原因，心理健康问题也非常突出，主要表现在以下几个方面：独生子女群体的心理障碍、不适应大学生活、过高的自我期望与现实情况的落差导致心理不适、就业恐慌症以及高学费下的贫困生心理不适。关心学生的心理健康，引导学生走出心理困境，已经成为高校教师职业道德中一项义不容辞的责任。为此高校教师职业道德要求每一个教师做到以下几点。

第一，努力学习现代心理学知识，掌握心理咨询的一些基本方法和技能。教师要运用心理学知识和技能加强对学生的心理教育，教育他们正确认识自我，接纳自我，明白自己的长处与短处，树立自信心；培养他们良好的人际交往能力，学会与他人和睦相处；教育他们要有积极乐观

的情绪状态,善于调控自己的情绪,学会排解不良情绪;要培养他们顽强的意志品质,不怕困难和挫折,磨炼自己的心理承受力;要教育他们心胸开朗、人格和谐,不偏执、不固执、不强迫、不极端。

第二,加强与学生的联系,了解学生的心理活动,关注学生的心理健康。对学生的心理问题要有警觉性、敏感性,要及时发现问题,及时运用心理咨询和心理教育的方法解决问题,切不可疏忽大意、延误时机,以免造成严重后果。

第三,教师要有健康良好的心理素质和心理状态。教师要能正确认识自己,不自傲、不自卑;要宽容大度,善于与他人合作;要热爱生活、兴趣广泛、乐观向上;要有坚强的意志和克服困难的勇气;要有和谐的人格,为人处世全面辩证、平和有度。总之,教师要以自己健康良好的心理品质影响感染学生,使学生在心理素质方面既得到教师的言教,又得到教师的身教,促使学生心理健康、茁壮成长。

第二节　高校教师职业道德建设的未来走向

一、倡导学术规范

遵守学术规范是塑造教师人格、提升教师专业素养的基本要求,是教师在教育教学实践中对“真”不懈追求的品格和精神,更是高校教师在教育教学实践中实事求是、追求真理、勇于探索的集中体现。倡导学术规范,要求高校教师做到以下两个方面。

第一,高校教师要培养求真务实、勇于创新、坚韧不拔、严谨自律的治学态度和学术精神,严谨治学,刻苦钻研业务,终身学习,努力提高自身科研水平,不断提高教学质量。

第二,高校教师要在教育教学实践中始终保持一种追求客观真理、勇于反思质疑、不断探索创新的精神状态,禁止弄虚作假、徇私舞弊,禁止抄袭剽窃他人学术成果和劳动成果,堂堂正正地做人和做事。

二、倡导创新精神

创新是民族进步的灵魂，是国家兴旺发达的持久动力。勇于教育创新是时代发展对教师提出的新要求。勇于创新的态度和精神，是科学技术和经济持续发展对师德修养的新要求，也是每个公民自我完善和发展对师德修养的新要求，更是高校教师应该遵循的基本原则。倡导创新精神要求高校教师做到以下几个方面。

第一，高校教师要坚持终身学习，大胆改革，勇于创新，不断提高自身理论水平。

第二，树立学生主体意识，更新教育观念，认真开展课堂教学改革和教学研究。

第三，形成现代教育观，科学地认识和评价教育教学活动。

第四，努力掌握现代教育技术，培养快捷获取与利用信息资源的能力。

三、倡导环境道德

倡导环境道德要求高校教师做到以下几个方面。

第一，要增强环保意识，学习、宣传环保知识，提高保护环境的自觉性，积极参加保护环境的公益活动。

第二，要热爱家园，建立人与自然的和谐关系；保护自然，维护生物多样性。

第三，认识资源的有限性，反对浪费和挥霍资源的不道德行为。

第四，正确利用资源，反对损人利己的行为，着眼于民族、国家、人类的长远利益。

四、倡导网络道德

网络世界是现实社会的虚拟，上网交流、发布信息、浏览网页已成为现代人生活的一部分，因此，在其他生活领域应该遵守的道德准则，在网络世界也同样适用，否则社会公德会受到普遍的破坏。由于道德历史性的特点，网络道德既要包含对传统道德优秀内容的充分肯定和继承，又要直面和顺应社会变迁，对道德观念不断“吐故纳新”。倡导网络道德，要求高校教师做到以下几个方面。

第一,高校教师要主动学习网络知识,端正工作态度,树立较强的责任心。

第二,了解网络,提高分辨能力,维护网络安全,作学生的表率。

第三,尊重他人知识产权,保护个人隐私,不伤害他人及损害社会公共利益。

第四,在教育工作中要自爱自律,抵制网络诱惑。

第五,自觉地遵守网络法规或有关规定,规范上网行为,文明上网、依法上网。

第六,增强防范意识,自觉维护网络安全,抵制不良信息,做一个合格的网络人。

参考文献

[1] 陈东 . 开放教育 [M]. 上海：上海教育出版社，2001.

[2] 陈根法 . 德性论 [M]. 上海：上海人民出版社，2005.

[3] 陈霞 . 教师专业发展的实效性研究 [M]. 北京：北京大学出版社，2012.

[4] 段文阁 . 教师职业道德 [M]. 济南：山东人民出版社，2012.

[5] 冯益谦，谢文新 . 教师职业道德导论 [M]. 武汉：华中师范大学出版社，2014.

[6] 顾建民 . 高等教育学（修订版）[M]. 杭州：浙江大学出版社，2014.

[7] 关玫玫 . 教师职业道德修炼 [M]. 长春：东北师范大学出版社，2010.

[8] 郭平，熊艳 . 教师专业发展概论 [M]. 成都：西南交通大学出版社，2017.

[9] 胡惠闵，王建军 . 教师专业发展 [M]. 上海：华东师范大学出版社，2014.

[10] 黄蓉生 . 教师职业道德修养 [M]. 重庆：西南师范大学出版社，2001.

[11] 黄正平，刘守旗 . 教师职业道德新编 [M]. 南京：南京大学出版社，2010.

[12] 李春玲 . 高校教师职业道德 [M]. 北京：人民文学出版社，2005.

[13] 李春秋 . 高等学校教师职业道德修养 [M]. 北京：北京师范大学出版社，1999.

[14] 李家祥，王雯 . 职业道德教育 [M]. 昆明：云南大学出版社，2006.

[15] 李建华．高等学校教师职业道德修养 [M]. 长沙：湖南大学出版社，2005.

[16] 李建华．高校教师职业道德修养 [M]. 长沙：湖南人民出版社，2010.

[17] 李明善．教师专业发展论纲 [M]. 长春：吉林大学出版社，2011.

[18] 连秀云．新世纪教师职业道德修养 [M]. 北京：教育科学出版社，2002.

[19] 刘亭亭．教师职业道德 [M]. 北京：北京大学出版社，2017.

[20] 卢铁城．大学管理实践与思考 [M]. 成都：四川大学出版社，2004.

[21] 路丙辉．教师职业道德修养 [M]. 芜湖：安徽师范大学出版社，2015.

[22] 骆郁廷．思想道德修养与法律基础 [M]. 武汉：武汉大学出版社，2005.

[23] 潘懋元，王伟廉．高等教育学 [M]. 福州：福建教育出版社，2013.

[24] 潘裕民．教师专业发展的理论取向与实现路径 [M]. 桂林：广西师范大学出版社，2013.

[25] 彭升 .21 世纪高校道德建设四论 [M]. 长沙：中南大学出版社，2003.

[26] 钱焕琦．教师职业道德 [M]. 上海：华东师范大学出版社，2015.

[27] 曲洪志．高等学校教师职业道德修养 [M]. 济南：山东人民出版社，2004.

[28] 檀传宝．教师伦理学专题教育伦理范畴研究 [M]. 北京：北京师范大学出版社，2010.

[29] 檀传宝．教师职业道德 [M]. 北京：北京师范大学出版社，2015.

[30] 陶行知．教育文选 [M]. 北京：教育科学出版社，1981.

[31] 王东莉．德育人文关怀论 [M]. 北京：中国社会科学出版社，2005.

[32] 王辅成，史文校．教师职业道德修养 [M]. 北京：北京理工大学出版社，2005.

[33] 王国昌．教师职业道德 [M]. 武汉：华中师范大学出版社，2014.

[34] 王国银．德性伦理研究 [M]. 长春：吉林人民出版社，2006.

[35] 王洪才 . 大众高等教育论 [M]. 广州：广东教育出版社，2004.

[36] 王荣德 . 现代教师人格塑造 [M]. 天津：天津教育出版社，2004.

[37] 王武召 . 社会交往论 [M]. 北京：北京大学出版社，2002.

[38] 吴安春 . 德性教师论 [M]. 北京：人民教育出版社，2003.

[39] 肖群忠 . 伦理与传统 [M]. 北京：人民出版社，2006.

[40] 谢安邦 . 比较高等教育 [M]. 桂林：广西师范大学出版社，2004.

[41] 徐廷福 . 教师职业道德修养 [M]. 北京：北京师范大学出版社，2015.

[42] 杨贤金，石凤妍 . 师德新论——以德治教与师德建设 [M]. 南京：江苏教育出版社，2004.

[43] 杨玉圣，张保生 . 学术规范导论 [M]. 北京：高等教育出版社，2004.

[44] 杨芷英 . 教师职业道德 [M]. 北京：高等教育出版社，2007.

[45] 叶澜 . 教师职业角色与教师发展新探 [M]. 北京：教育科学出版社，2001.

[46] 于胜刚 . 教师专业发展导论 [M]. 北京：北京大学出版社，2015.

[47] 袁振国 . 当代教育学 [M]. 北京：教育科学出版社，2003.

[48] 袁振国 . 中国教育政策评论 [M]. 北京：教育科学出版社，2004.

[49] 张楚廷 . 高等教育学导论 [M]. 北京：人民教育出版社，2010.

[50] 赵丽，李妍 . 中外教师专业发展研究热点、问题与对策 [M]. 上海：华东师范大学出版社，2013.

[51] 周义德 . 师德修养论 [M]. 长沙：湖南人民出版社，2003.

[52] 朱金香 . 教师职业道德概论 [M]. 北京：中央编译出版社，2002.

[53] 朱仁宝 . 现代教师素质论 [M]. 杭州：浙江大学出版社，2004.